YSGOL GYFUN PANTYCELYN
CILYCWM ROAD
LLANDOVERY
CARMARTHENSHIRE SA20 0DY

CUTHBERT CARADOG

ALYS JONES

Gwasg Gwynedd

© y testun: Alys Jones, 1998
© y lluniau: John Shackell, 1998

Argraffiad cyntaf 1998

ISBN 0 86074 145 1

Cyhoeddwyd dan gynllun comisiynu Cyngor Llyfrau Cymru.

Dymuna'r cyhoeddwyr gydnabod cymorth
Adrannau Cyngor Llyfrau Cymru.

Cedwir pob hawl. Ni chaniateir atgynhyrchu unrhyw ran o'r cyhoeddiad
hwn na'i gadw mewn cyfundrefn adferadwy na'i drosglwyddo mewn
unrhyw ddull na thrwy unrhyw gyfrwng, electronig, electrostatig,
tâp magnetic, mecanyddol, ffotogopïo, recordio, nac fel arall,
heb ganiatâd ymlaen llaw gan y cyhoeddwyr,
Gwasg Gwynedd, Caernarfon.

Panel Golygyddol Cyfres Cled:
Bethan M. Hughes
Dr Llinos M. Jones
Iwan Morgan

Cyhoeddwyd ac Argraffwyd
gan Wasg Gwynedd, Caernarfon.

TEITLAU ERAILL YNG NGHYFRES CLED

Rhannwyd y gyfres yn dri grŵp wedi'u graddoli yn ôl iaith a chynnwys a nodir hynny gydag un, dau neu dri nod.

- *'Tisio Bet?* Emily Huws (Gomer)
- *'Tisio Sws?* Emily Huws (Gomer)
- *'Dwisio Dad* Emily Huws (Gomer)
- *'Dwisio Nain* Emily Huws (Gomer)
- *Piwma Tash* Emily Huws (Gomer)
- *Tash* Emily Huws (Gomer)
- *Gags* Emily Huws (Gomer)
- *Jinj* Emily Huws (Gomer)
- *Tic Toc* Emily Huws (Gomer)
- *Strach Go-Iawn* Emily Huws (Gomer)
- *Nicyrs Pwy?* Emily Huws (Gomer)
- *'Sgin ti Drôns?* Emily Huws (Gomer)

- • *Canhwyllau* Emily Huws (Gomer)
- • *Dwi'n ♥ 'Sgota* Emily Huws (Gomer)
- • *Dwi Ddim yn ♥ Balwnio* Emily Huws (Gomer)
- • *Ydw i'n ♥ Karate?* Emily Huws (Gomer)
- • *Ydi Ots?* Emily Huws (Gomer)
- • *Modryb Lanaf Lerpwl* Meinir Pierce Jones (Gomer)
- • *Iechyd Da, Modryb!* Meinir Pierce Jones (Gomer)
- • *Y Gelyn ar y Trên* T. Llew Jones (Gomer)
- • *Craig y Lladron* Ioan Kidd (Gomer)
- • *Os Mêts, Mêts* Terrance Dicks / Brenda Wyn Jones (Gomer)
- • *Tân Gwyllt* Pat Neill / Dic Jones (Gomer)
- • *Delyth a'r Tai Haf* Pat Neill / Dic Jones (Gomer)
- • *Adenydd Dros y Môr* Pat Neill / Dic Jones (Gomer)
- • *Cathreulig!* M. Potter / Gwenno Hywyn (Gwynedd)
- • *Haf y Gwrachod* Andrew Mathews / Siân Eleri Jones (Gwynedd)
- • *Lleuwedd* D. Wiseman / Mari Llwyd (Gomer)
- • *Sothach a Sglyfath* Angharad Tomos (Y Lolfa)
- • *Y Mochyn Defaid* Dick King-Smith / Emily Huws (Gomer)
- • *Rêl Ditectifs!* Mair Wynn Hughes (Gomer)
- • *Yr Argyfwng Mawr Olaf* Betsy Byars / Meinir Pierce Jones (Taf)
- • *Lloches Ddirgel* Theresa Tomlinson / Sioned Puw Rowlands (Gwynedd)

- • *Mwy Nag Aur* Meinir Wyn Edwards (Honno)
- • *Y Dyn â'r Groes o Haearn* J. Selwyn Lloyd (Gwynedd)
- • *Tân Poeth* Penri Jones (Dwyfor)
- • *Fe Ddaeth yr Awr* Elfyn Pritchard (Gomer)
- • *Y Defaid Dynion* Siân Lewis (Gomer)
- • *Gwe Gwenhwyfar* E. B. White / Emily Huws (Gomer)
- • *Wham-Bam-Bang!* Dick King-Smith / Emily Huws (Gomer)
- • *Myrddin yr Ail* Hilma Lloyd Edwards (Y Lolfa)
- • *Crockett yn Achub y Dydd* Bob Eynon (Dref Wen)
- • *Castell Marwolaeth Boenus ac Erchyll* Rolant Ellis (Y Lolfa)
- • *W-wff!* Alan Ahlberg / Brenda Wyn Jones (Carreg Gwalch)
- • *Cyfrinach y Mynach Gwyn* Eirlys Gruffydd (Gomer)
- • *Mêts o Hyd* Terrance Dicks / Brenda Wyn Jones (Gomer)
- • *Bwli a Bradwr* Brenda Wyn Jones (Gwynedd)

- • • *Pen Cyrliog a Sbectol Sgwâr* Gareth F. Williams (Y Lolfa)
- • • *Nefi Bliwl* C. Sefton / Emily Huws (Gomer)
- • • *Magu Croen Rhag Poen* Mair Wynn Hughes (Gomer)
- • • *Yr Indiad yn y Cwpwrdd* L. R. Banks / Euryn Dyfed (Gomer)
- • • *Gan yr Iâr* Anne Fine / Emily Huws (Gomer)

Pennod 1

Cnoai Cuthbert Caradog yn wyllt. Roedd newydd wthio hanner banana i'w geg, ac roedd ei fochau fel bochau hamster. Roedd o hefyd newydd weld Her Fflic, yr athro Cerdd, yn dod allan drwy ddrws ffrynt ei dŷ i fynd am ei gar. Pam, o pam, oedd yn rhaid i un o athrawon yr ysgol fod wedi symud i fyw i'r tŷ drws nesa ond un iddo fo? Gobeithio nad oedd o'n mynd i gynnig lifft iddo. Plygodd Cuthbert Caradog ei ben a cherdded yn ei flaen yn frysiog, gan smalio ffidlan hefo rhywbeth yn ei fag ysgol.

'Ŷch chi'n moyn lifft i'r ysgol, Cuthbŷt?'

O, hec, roedd o wedi'i weld o!

'Mma . . . mi . . . mwm . . . mwch.' Llyncodd y banana'n gyflym.

'Pardwn?'

'Na . . . mae'n iawn, diolch,' meddai'n gwrtais, gan wenu o glust i glust.

'O, dyna fe, 'te.' Yna, edrychodd Her Fflic ar ei wats. 'Ond bydd rhaid ichi hasto.'

'Hm!' Siglodd Cuthbert Caradog ei ben i fyny ac i lawr, gan ddal i wenu a dal i gerdded.

Hasto, wir! Hen dro na fuasai *fo'n* 'hasto' yn ôl

i ble bynnag roedd o'n byw cynt. Doedd bywyd ddim yr un fath yn Stad Rhos Gain ers iddo FO symud i fyw yno. Fedrai rhywun ddim bod yn hwyr i'r ysgol mewn heddwch fel erstalwm.

'Brysia, hogyn, neu mi fydd Mr Watcyn yn dy weld ti'n mynd o'r tŷ yn hwyr *eto* heddiw,' oedd tiwn gron ei fam bob bore bron. A doedd dim llawer o flas ar gicio pêl neu wneud triciau ar y sglefrfwrdd ar y stad ddim mwy. Roedd yn rhaid i rywun wylio nad oedd o'n rhegi, na phoeri, na rhedeg ar neb arall wrth chwarae allan, rhag ofn fod ei fawrhydi yn digwydd bod yn yr ardd neu'n gwrando drwy'r ffenest. Ac mi fuasai rhywun yn meddwl mai brenin oedd o, hefyd, yn ôl y ffordd roedd ei fam yn ymddwyn pan ddigwyddai ei weld. Roedd hi'n ffalsio ac yn gwenu'n wirion wrth siarad hefo fo. Y peth gwaetha oedd fod yr hogia wedi sylwi hefyd, ac yn ei bryfocio bod ei fam yn ffansïo Her Fflic.

'Hei, wsti be fasa'n dda?' oedd Dylan Tships wedi'i ddweud y diwrnod o'r blaen. 'Dy dad yn rhoi cweir iawn i Her Fflic!'

'Ew, ia,' oedd sylw Pogo. 'Fasa dim rhaid i ni ddiodda'r gwersi canu diflas yna wedyn.' Roedd gan Pogo lais fel brân a llwch llif yn ei glustiau. Pan oedd pawb arall yn mynd i fyny, roedd o'n mynd i lawr, a phan oedd pawb arall yn mynd i lawr, roedd o'n mynd i fyny. Roedd gwersi canu *yn* ddiflas i Pogo.

'Peidiwch â malu,' oedd ei ateb yntau. 'Tydi hi ddim yn ffansïo Her Fflic, siŵr iawn. Pwy fasa'n ffansïo weiren gaws o ddyn hefo gwallt fel cadach llawr? Trio gwneud argraff mae hi, siŵr iawn, jest am ei fod o'n athro Cerdd . . .'

Yr hyn oedd yn gwylltio Cuthbert Caradog fwyaf ynglŷn â Her Fflic oedd y ffordd oedd o'n dweud ei enw fo. Iawn. Roedd o'n gwybod fod ganddo enw braidd yn rhyfedd, ond pa help oedd ganddo fo fod ei fam wedi mynnu ei alw ar ôl ei ddau daid? Roedd y ffasiwn yma, wrth gwrs, wedi diflannu o'r tir ers oes y dinosoriaid ond, am ryw reswm rhyfedd, roedd wedi goroesi yn eu teulu nhw. Cuthbert oedd enw tad ei fam, ac roedd o erstalwm yn cadw siop 'Cuthbert's Poodle Parlour' yn Llandudno. Doedd y siop ddim yn bod erbyn heddiw, ac roedd Taid Llandudno, heddwch i'w lwch, wedi cicio'r bwced ers tro. Roedd yntau wedi llwyddo i gadw'r sgerbwd teuluol hwn yn gyfrinach ddiogel rhag yr hogia hyd yn hyn, diolch byth. Cawsai ei enw arall ar ôl ei daid o Nefyn, Caradog Jones, a oedd yn drefnwr angladdau. Roedd hwnnw'n fyw ac yn iach, ac yn cwyno o hyd nad oedd o'n cael hanner digon o fusnes. Gwynt y môr oedd ar fai, medda fo — gwneud i bobl fyw yn hir.

Dyna sut oedd o wedi cael yr enw Cuthbert Caradog. Bu cyfnod pan gâi ei alw'n sawl enw — Cuthbert gan ei fam, Crad gan ei dad, Byrti Bach gan ei nain, a Bŷrt gan ei gefnder mawr a oedd yn reidio moto beic a bob amser yn cnoi.

Roedd yn gas ganddo'i enw pan oedd o yn yr ysgol gynradd. Swniai Cuthbert mor neis-neis, a Caradog mor henffasiwn. 'Mae gen ti enw da, siŵr iawn,' dywedai ei fam. 'Mae enw da yn rhoi urddas i rywun, wsti.'

Am sbel, perswadiodd ei hun ei bod hi'n iawn. Yn ei ddychymyg, gwelai ei hun fel Cuthbert y cerddor enwog, a cherflun o'i ben a'i ysgwyddau ym mhob tŷ yn y wlad, a hyd yn oed ar y sgwâr yn y dref. Dro

arall, Caradog fyddai o, rhywun tebyg i Owain
Glyndŵr, a oedd wedi dod i achub plant Cymru rhag
athrawon gwallgo a mamau afresymol a oedd yn
mynnu eich bod chi'n bwyta bresych am eu bod
nhw'n dda ichi.

Yr enw roedd ei ffrindiau yn ei alw ers tro, bellach,
oedd y gorau ganddo, sef 'Cyth'. Roedd 'Cyth' yn
dalfyriad o 'cythraul', ac yn rhoi delwedd well iddo.
Gwnâi iddo swnio'n ddrwg, ac yn beryglus.

Dyna pam roedd Her Fflic yn ei wylltio cymaint.
Roedd o'n fygythiad i'w ddelwedd oherwydd y ffordd
menyn-a-mêl oedd o'n dweud ei enw. Ar y funud,
roedd pethau o dan reolaeth, ond os na fyddai'n
ofalus fe fyddai rhyw wág wedi dechrau ei alw'n
Cuthbŷt. Y ffaith amdani oedd ei bod hi'n hen bryd
iddo wneud rhywbeth ynglŷn â Mr Ronald Pierce
Watcyn, B.Mus. Doedd tref y Parc ddim digon
mawr i'r ddau ohonyn nhw. A doedd Stad Rhos
Gain yn bendant ddim. Byddai'n rhaid iddo feddwl
am dacteg i wneud i Her Fflic symud ysgol; gorau
oll os oedd hi yn rhywle pell fel Ashby-de-la-Zouch,
neu Timbyctŵ neu Wala-Wala-Springs. Byddai'n
rhaid iddo symud i fyw wedyn. Syniad gwefreiddiol!

Gwenodd Cuthbert Caradog led y pen a symud
ei aeliau i fyny ac i lawr. Roedd un neu ddau o
bosibiliadau yn neidio i'w feddwl yn barod. Buasai'n
gallu torri ffyn taro'r glocenspils i gyd yn eu hanner
neu ludio rhai o nodau'r piano efo 'Superglue'.
Byddai darganfod y nam lleiaf ar unrhyw offeryn

cerdd yn gyrru pwysau gwaed Her Fflic i'r entrychion bob amser, a ffliciai ei gudyn gwallt llipa yn ôl ar y gyfradd o ddeg gwaith mewn munud pan fyddai wedi gwylltio. Roedd Pogo ac yntau wedi ei amseru unwaith, gyda wats ddigidol newydd Pogo. Pe bai o'n torri'r ffyn a gludio'r nodau, roedd y tebygolrwydd y byddai Her Fflic yn cael trawiad, neu ei nerfau o'n mynd yn rhacs, neu hyd yn oed y byddai o'n ffrwydro hefo bang, yn uchel iawn. Ond byddai'n rhaid gwneud yn siŵr nad oedd yna ddim un wán jac o ddosbarth 8N yn yr Ystafell Gerdd pan fyddai hyn yn digwydd — yn enwedig os oedd o'n mynd i ffrwydro, achos mi fedrai cael tameidiau o wallt a chroen ac ewinedd Her Fflic yn hedfan o gwmpas yr ystafell fod yn angheuol i'r iachaf o'r plant.

Posibilrwydd arall, wrth gwrs, oedd llenwi rhwng tudalennau'r copïau glanaf a mwyaf newydd o *Caneuon Siâms a Siencyn* efo pob math o bethau annifyr fel tameidiau bach o sbarion brechdanau cinio'r wythnos ddiwetha, cyrff pryfed cop (fyddai hynny ddim problem achos roedd yna filoedd o bryfed cop wedi marw yng ngwaelod y cwpwrdd offerynnau), a darnau o wadan trênyrs Celfyn Parri, 8S, wedi eu stwnshio efo llefrith wedi suro. Wedyn, pan fyddai Mererid Gwenllian yn rhannu'r llyfrau (ac mi fyddai hi bob amser yn rhannu'r llyfrau), byddai'n siŵr o roi'r rhai gorau i'r genethod, ac wedyn fe fydden nhw i gyd yn dechrau sgrechian a llewygu ar draws ei gilydd wrth agor y llyfrau.

Byddai'r holl anhrefn yn siŵr o roi trawiad ar y galon i Her Fflic, achos fedrai o ddim dioddef i neb grafu ei ben-glin, hyd yn oed, yn y wers. Gwefreiddiol!

Erbyn hyn, roedd Cuthbert Caradog bron â chyrraedd Ysgol Uwchradd y Parc, ac yn cerdded gyda'r wal uchel a gyd-redai â'r palmant. Arhosodd o fewn ychydig gamau i'r giât a ddefnyddid gan yr athrawon yn unig. Yno, roedd twll dwfn yn y wal, rhwng dwy garreg. Rowliodd y croen banana yn un pecyn bychan a'i wthio i mewn i'r twll. Ym mhen draw y twll roedd dwsinau o grwyn bananas wedi hen droi'n ddu, pob un yn dyst i fore di-frecwast am iddo godi'n hwyr. Gobeithiai Cuthbert Caradog, pan fyddai'r twll wedi'i lenwi, y byddai'r crwyn yn pydru'n driog drewllyd, heintus a fyddai'n cael effaith andwyol ar unrhyw athro a gerddai drwy'r giât; er enghraifft, gallent wneud i'w wefusau lynu yn ei gilydd fel na fyddai'n rhaid i neb oddef gwrando arno'n siarad, neu wneud i flew ei ben ddechrau tyfu'n sydyn ac afreolus dros ei wyneb nes ei fygu. Yr unig broblem efo'r syniad hwn oedd mai dim ond yr athrawon clên oedd yn cerdded i'r ysgol fel arfer. Roedd y rhai annifyr i gyd yn mynd yn eu ceir.

Edrychodd Cuthbert Caradog ar ei wats. Dau funud arall a byddai'r gloch diwedd-cofrestru yn canu. Rhedodd fel fflamia drwy giât yr athrawon, ei ben i lawr a'i fysedd wedi'u croesi, rhag ofn i un ohonyn nhw ei weld ac, yn bwysicach fyth, rhag ofn iddo fo weld un ohonyn nhw. Tra oedd o'n rhedeg fel fflamia a'i ben i lawr roedd ganddo esgus nad oedd o wedi gweld na chlywed dim os digwyddai athro weiddi arno. Sgrialodd drwy'r drws i'r coridor cotiau, tynnodd ei got fel dyn gwyllt a'i hanelu o hirbell at un o'r pegiau. Roedd boreau o fod yn hwyr wedi ei wneud yn feistr ar y grefft o hongian ei got yn llwyddiannus fel hyn. Rhuthrodd ar hyd y coridor ac i fyny'r grisiau am ei ystafell ddosbarth, a gwadnau'i esgidiau yn rhwbio'n wichlyd ar y llawr gyda phob cam a roddai. Gwibiodd fel corwynt drwy ddrws cilagored Ystafell Naw a chythru i'w sedd arferol yn y cefn, yn anadlu fel milgi ar ôl ras.

'Be oedd hwn'na welis i'n dod i mewn rŵan, dudwch?'

Cododd Cuthbert Caradog ei ben ar ôl clywed llais benywaidd, dieithr yn tincial uwchben murmur y cyfnod cofrestru. Roedd o wedi sylwi mai tôn chwareus ac nid gwawdlyd oedd i'r llais. Gwelodd athrawes ifanc gyda gwallt melyn, cyrliog yn eistedd yn sedd Jumbo Jim, ac yn gwenu wrth edrych i'w gyfeiriad. Ew, roedd hi'n ddel.

'Pwy 'di honna, dywed?' sibrydodd wrth Gerwyn a eisteddai wrth ei ochr.

'Miss Humphreys. Athrawes gyflenwi. Ella y bydd hi yma tan yr hanner tymor achos mae Jumbo'n sâl. Pishyn, tydy? Hi fydd yn dysgu Hanes i ni hefyd.'

'Sgynnon ni Hanes heddiw, dywed?'

'Oes, cyn cinio.'

Roedd Cuthbert Caradog yn gallu dweud fod

Mererid Gwenllian a Lowri Elen — a oedd yn hofran o'i chwmpas — wrthi'n brysur yn ei bwydo â gwybodaeth amdano fo, ac roedd hithau'n dal i wenu ac yn cipedrych bob hyn a hyn i'w gyfeiriad wrth blygu uwchben y gofrestr. Wel, beth bynnag oedden nhw'n ei ddweud, doedd hi ddim wedi rhoi ffrae iddo am fod yn hwyr. Mae'n siŵr na fyddai dim ots ganddi hi pe bai o'n cyrraedd ar ôl i'r gloch ganu, hyd yn oed. Roedd yn gas ganddo fynd i ddweud wrth Jumbo Jim ei fod wedi cyrraedd yn hwyr achos byddai bob amser yn gwneud rhyw sylw gwirion fel, 'A beth oedd yn bod heddiw, Cuthbert Caradog? Anghofio dy ddillad ymarfer corff, helpu hen wreigan i groesi'r ffordd, ynteu colli dy ffordd i'r ysgol?'

Canodd y gloch dri munud yn hwyr, a chododd pawb i fynd allan. Fel oedd Cuthbert Caradog yn mynd am y drws galwodd Miss Humphreys arno.

'Cuthbert Caradog Jones. Wnei di fynd â'r gofrestr yma i'r swyddfa imi, os gweli di'n dda?'

'Iawn, mus.'

'Mae gen ti lond ceg o enw, 'n does?' chwarddodd. 'Be fasat ti'n hoffi i mi dy alw? Cuthbert ynteu Caradog? Rydw i wedi gofyn enwau'r lleill i gyd.'

'Cyth mae'r hogia yn fy ngalw i, mus,' mwmiodd. Roedd ganddi lygaid mawr glas a ddawnsiai wrth iddi siarad.

'Cyth?' chwarddodd eto. 'Iawn, 'ta. Cyth amdani, felly. Ffwrdd â ti rŵan.'

Roedd Cuthbert Caradog yn methu coelio'i

glustiau. Roedd hi'n mynd i'w alw'n 'Cyth'! Doedd neb arall o'r athrawon yn gwneud hynny. Hwyrach y medrai hi ddylanwadu ar yr Her Fflic gwirion yna i roi'r gorau i'w alw'n Cuthbŷt. A sôn am Her Fflic, byddai'n rhaid iddo feddwl yn ddifrifol am ffordd i'w yrru allan o'r wlad. Ond byddai'n rhaid i hynny aros am dipyn. Mathemateg oedd ganddo y wers gyntaf, a doedd Mathman ddim yn rhoi cyfle i neb i feddwl am ddim ond am syms.

Pennod 2

'Dos o 'nghadair i!' gwaeddodd Llinos Mai.

'Na wna,' meddai Cuthbert Caradog.

Ceisiodd Llinos Mai ysgwyd y gadair yn rhydd ond gafaelodd Cuthbert Caradog ynddi fel gelen.

'Dos!'

'Na-na-na-na-nah! Na-na-na-na-nah!' canodd Cuthbert Caradog, gan daro'i ddyrnau ar y bwrdd fel pe bai'n chwarae drymiau. Roedd wyneb Llinos Mai yn fflamgoch erbyn hyn, ac roedd Mererid Gwenllian a Lowri Elen wedi dod i sefyll wrth ei hochr gan geisio edrych yn fygythiol.

'Mae Llinos Mai bob amser yn eistedd yn fan'ma,' cwynodd Mererid Gwenllian. 'Aros di nes daw Miss Humphreys.'

Aeth hi a Lowri Elen i nôl cadair o'r cefn a'i gwthio rhwng eu cadeiriau nhw i wneud lle i Llinos Mai. Gwenodd Cuthbert Caradog. Roedd y tair yn edrych fel tair sardîn mewn tún, a'r ganol yn sardîn dew hefyd.

Y wers cyn cinio oedd hi, sef Hanes. Roedd Cuthbert Caradog wedi rhedeg yr holl ffordd o'r ystafell Gymraeg er mwyn dwyn sedd un o'r genethod i gael eistedd yn y tu blaen hefo Cledwyn Siôn. Roedd Cledwyn Siôn bob amser yn eistedd yn y tu blaen, hyd yn oed yn y wers Mathemateg. Eisteddai ar flaen ei sedd fel pe bai ar bigau drain gan ofni colli unrhyw berl a ddeuai o enau unrhyw athro. Roedd o hyd yn oed yn ysgrifennu nodiadau pan nad oedd neb wedi dweud wrtho am wneud hynny. Anaml y siaradai Cuthbert Caradog ag o, gan mai yng nghefn y dosbarth y treuliai'r rhan fwyaf o'i wersi. Roedd Cuthbert Caradog wedi dod i'r casgliad fod Cledwyn Siôn naill ai yn fath prin o ddisgybl ysgol a oedd yn wirioneddol wrth ei fodd yn cael gwaith, neu ei fod o'n boncyrs. Heddiw, roedd o'n mynd i arsylwi'n fanwl arno i geisio penderfynu pa un oedd yn gywir.

Ond y gwir reswm pam y daeth i eistedd i'r tu blaen oedd ei fod eisiau creu argraff dda ohono'i hun i Miss Humphreys. Fuasai o byth yn mentro i le mor beryglus oni bai am hynny. Roedd pawb call yn gwybod mai'r lle diwethaf i fynd iddo ar wyneb daear oedd rhes flaen y dosbarth. Roeddech chi'n rhy agos at ddesg yr athro. Wedi'r cwbwl, mi fedrech chi gael haint angheuol am fod ambell un ohonyn nhw'n poeri wrth siarad, neu'n tisian o hyd, a byth yn llwyddo i estyn hances boced mewn pryd. Dyna'r rheini wedyn oedd yn mynnu taro'r glanhawr bwrdd du llychlyd ar eich bwrdd chi'n dragwyddol, gan eich gadael yn ymladd am eich anadl, yn lle ei roi'n ôl yn ei le priodol. A beth am y rheini oedd yn hoff o agor ffenestr led y pen ar foreau barugog yn y gaeaf, nes bod eich ymennydd chi'n rhewi'n ara deg? Sut roedd Cledwyn Siôn yn medru treulio bob gwers yn y tu blaen, ni fedrai Cuthbert Caradog ddirnad. Cipedrychodd arno drwy gil ei lygaid — roedd o wrthi'n brysur yn gosod ei bensiliau lliw a'i bìn ysgrifennu yn rhes daclus o'i flaen, a golwg awyddus-i-gychwyn-y-wers arno. Syllodd Cuthbert Caradog ar y pensiliau — rhai newydd sbon a'u blaenau wedi eu hogi'n fain.

'Ella na fyddwn ni ddim yn lliwio mapia na gwneud lluniau heddiw,' meddai Cuthbert Caradog wrtho.

'Ella byddwn ni,' meddai yntau. 'Dibynnu pa waith fydd Miss Humphreys wedi'i osod i ni. Nid hi sy'n cymryd y wers heddiw.'

'Sut gwyddost ti?' gofynnodd Cuthbert Caradog yn sydyn.

'Mi ddeudodd wrtha i amser cofrestru. Mae hi wedi paratoi gwaith i ni, ond un o'r athrawon eraill fydd yn edrych ar ôl y dosbarth. Mae hi'n gorfod cael cyfarfod hefo pennaeth yr adran.'

'Hwyl,' meddai Cuthbert Caradog, gan godi ac estyn ei fag yn barod i'w bachu hi am y cefn. Fel roedd o ar fin cychwyn, camodd Mr Watcyn i mewn i'r dosbarth gan ddweud wrth bawb am eistedd yn ddistaw.

Suddodd calon Cuthbert Caradog reit i gornel bella gwaelod ei sawdl. Her Fflic, o bawb!

Eisteddodd unwaith eto. Cafodd gip ar fraich Llinos Mai yn saethu i'r awyr, ond chymerodd Her Fflic ddim sylw ohoni, dim ond dechrau rhannu taflenni gwaith o amgylch y dosbarth.

'Estynnwch eich llyfrau Hanes yn barod,' meddai ar ôl dychwelyd i du blaen y dosbarth, 'ac mi eglura i beth sydd raid ichi ei wneud.'

Tyrchodd Cuthbert Caradog yn ei fag am ei lyfr Hanes. Fel roedd o'n ei roi ar y bwrdd roedd yn ymwybodol fod ei law yn teimlo'n ludiog annifyr. Agorodd ei lyfr. Aeth ei lygaid yn fawr a syrthiodd ei wep. Cofiodd fod ei fam, oherwydd na chawsai frecwast, wedi gwthio darn o dost a marmalêd mewn papur menyn iddo ar ei ffordd allan o'r tŷ. Roedd yntau wedi rhoi'r tost yn ei fag. Am ei fod wedi bwyta'r fanana roedd wedi anghofio'r cyfan am y tost. Roedd y papur menyn wedi dod i ffwrdd a'r tost bellach yn seitan rhwng tudalennau ei lyfr. Yn ei ffrwst roedd yn rhaid ei fod wedi gwthio'r tost i mewn i'w lyfr Hanes. Syllodd ar y stwnsh menyn a marmalêd oedd wedi gwneud y patrwm rhyfeddaf ar draws gwaith ysgrifennu'r wers olaf. Cododd Cuthbert Caradog glawr ei lyfr rhag i Her Fflic weld.

'Ga i fenthyg dy ffon fesur di?' sibrydodd wrth Cledwyn Siôn, gan gadw'i lygaid ar Her Fflic, a cheisio gwneud golwg ddiniwed ar ei wyneb. Pan wnâi hyn, codai ei aeliau nes eu bod yn cyrraedd ei wallt brown a ddisgynnai'n dalp llyfn, syth o'i gorun i bob cyfeiriad rownd ei ben, nid yn annhebyg iawn i ffurf madarch.

Estynnodd Cledwyn Siôn ei ffon fesur blastig, sgleiniog, lân o'i gas pensiliau a'i llithro'n araf ac anfodlon ar hyd y bwrdd i gyfeiriad Cuthbert Caradog. Erbyn hyn roedd Her Fflic wedi gorffen siarad ac wedi mynd i ganol y dosbarth at rywun oedd wedi gofyn cwestiwn iddo. Gwelodd Cuthbert Caradog ei gyfle. Gwahanodd y tost a'r dudalen oddi wrth ei gilydd. Archwiliodd y tost â diddordeb. Roedd o'n edrych yn eitha bwytadwy. Bron na fuasai'n cymryd cegaid ohono. Roedd hi'n wers cyn cinio a byddai bob amser yn llwglyd yn ystod y wers honno. Ond gwelodd staeniau inc glas yma ac acw hyd y crystyn, a phenderfynodd y buasai'n well iddo beidio. Lapiodd y tost mewn hances bapur a'i gwthio i'w boced. Os byddai yna andros o res hir y tu allan i'r ystafell fwyta, efallai y gwnâi y tost ginio iddo ar

binsh. Cymerodd ffon fesur Cledwyn Siôn a'i dal ar ei hochr a'i thynnu ar hyd wyneb y tudalennau i grafu'r menyn a'r marmalêd i ffwrdd. Daeth o hyd i ddarn o hances bapur racsiog arall yng ngwaelodion ei fag, a sychodd y ffon fesur yn ofalus arni. Yna, anelodd yr hances bapur yn gelfydd i mewn i'r bín sbwriel rhwng y cwpwrdd a'r bwrdd du. Glaniodd ar ochr fewnol y bín gan wneud sŵn 'sblwt' distaw.

Roedd Cuthbert Caradog wrthi'n brysur yn ceisio crafu, efo'i ewinedd, tamaid bach o groen oren o'r marmalêd a oedd wedi mynd yn sownd yn un o'r styffylod yng nghanol ei lyfr, pan ddaeth yn ymwybodol o ddistawrwydd fel distawrwydd cyn storm. Cododd ei ben a thaflu golwg dros ei ysgwydd chwith i weld y plant i gyd yn edrych arno. Yna, synhwyrodd nad arno fo yn union roedden nhw'n edrych. Trodd ei ben yn araf. Dyna lle'r oedd Her Fflic yn sefyll y tu ôl iddo a'i wyneb fel pe bai wedi cael sioc waetha'i fywyd.

'Cuth*bŷt*,' meddai, a'i wddw fel pe bai'n ymestyn yn hir wrth i'w lais godi fel seiren o ddistaw i uchel. 'Beth ar wyneb daear ŷch chi'n *wneud*?'

Un arall o nodweddion annifyr athrawon oedd eu bod nhw'n gofyn cwestiwn ichi, a chyn ichi gael cyfle i ateb roedden nhw'n paldaruo ymlaen. Doedd hanner yr hyn roedd Her Fflic yn ei ddweud ddim yn mynd i mewn i ymennydd Cuthbert Caradog achos roedd o'n cymryd cymaint o ddiddordeb yn y ffordd yr edrychai Her Fflic o'r cyfeiriad yr oedd o'n ei weld o. Ymddangosai ei ên yn fawr, fawr a symudai asgwrn ei wddw i fyny ac i lawr fel io-io. Dyna'r tro cyntaf iddo sylwi fod gan Her Fflic asgwrn gwddw mor fawr. Lwcus fod ganddo wddw go hir neu mae'n siŵr y buasai'n cael dipyn o drafferth i gau coler ei grys . . .

'WEL?'

Roedd y gwddw wedi dowcio'n sydyn fel gwddw twrci ac wyneb Her Fflic bron yn sownd yn ei wyneb o. Hongiai ei wallt yn ddau gudyn llipa fel arfer, ond yr hyn dynnodd sylw Cuthbert Caradog oedd ei lygaid o. Roedden nhw'n neidio allan o'i ben. Rhai mawr, glas golau. Fel marblis anferth. Fuasai'n ddim syndod iddo pe baen nhw'n disgyn allan a rowlio o dan y bwrdd . . .

'WEL?'

Symudodd Cuthbert Caradog ei ben yn ôl yn sydyn.

'Wel . . .' meddai'n llipa. Clywodd ambell un yn piffian chwerthin.

'Beth yw'r mochyndra yma sydd ar dy lyfr Hanes di?'

'Rwbath wnaeth droi yn fy mag i, syr,' mwmiodd Cuthbert Caradog.

'Bydd rhaid iti wneud gwaith heddiw ar ddarn o bapur, felly,' meddai Her Fflic, gan afael yng nghornel y llyfr fel pe bai'r Pla Du arno, a'i osod ar y gwresogydd i sychu.

Rhoddodd Cuthbert Caradog y ffon fesur yn ôl i Cledwyn Siôn, a dechreuodd ar ei waith Hanes. Trwy gornel ei lygaid gwelai Cledwyn Siôn yn estyn hances fawr wen ac yn glanhau'r ffon fesur â'r un egni â phe bai'n glanhau ffenestri, ac yna'n ei chadw'n ofalus yn ei gas pensiliau. Beth oedd yn bod ar y ddau ohonyn nhw? Dim ond mymryn o fenyn a marmalêd oedd o. Mi fuasech chi'n meddwl, yn ôl y stŵr roedden nhw'n ei wneud, mai tail gwartheg oedd ar ei lyfr Hanes o!

Treuliodd Cuthbert Caradog ran o'r wers yn ceisio cynllunio gwahanol ffyrdd dieflig o dalu'n ôl i Her Fflic am wneud y fath stŵr ynglŷn â'i lyfr Hanes. Ond chafodd o ddim llawer o hwyl arni. Roedd Cledwyn Siôn yn ei rwystro rhag canolbwyntio wrth edrych mor ddiwyd a da, a'i dafod allan wrth ysgrifennu ar ei lyfr hynod o lân a thaclus, a hanner gwên ar ei wyneb. Oedd, roedd o'n edrych fel pe bai'n mwynhau ei hun. Roedd hynny, wrth gwrs, yn profi y tu hwnt i bob amheuaeth ei fod o wedi dechrau drysu.

'Tyrd, Cuthbŷt,' meddai llais o'r tu ôl iddo. 'Enwa bedwar peth da roedd y mynachod yn ei wneud. Tyrd, neu bydd y gloch wedi canu cyn iti wneud hanner y gwaith.'

Edrychodd Cuthbert Caradog i fyny i weld Her Fflic yn fflicio'i wallt yn ôl wrth sythu'n sydyn wedi iddo fod yn plygu uwchben ei bapur. Dechreuodd ysgrifennu. Symudodd Her Fflic i rywle arall. Cipedrychodd Cuthbert Caradog ar lyfr Cledwyn Siôn. Roedd o wedi ysgrifennu llond tudalen! Mi fasa fo'n gwneud mynach da. Roedd mynachod wrth eu bodd yn ysgrifennu hefyd, yn copïo rhyw hen lawysgrifau crebachlyd ac ati.

Yna, cafodd Cuthbert syniad. Dechreuodd gilwenu. Yn araf, lledodd y wên o un glust i'r llall. Estynnodd ei lyfr bras a rhwygodd dudalen ohono. Gan wenu fel giât, gwnaeth lun o Cledwyn Siôn mewn gwisg mynach, a'i dafod allan wrth ysgrifennu yng ngolau cannwyll frwyn. Plygodd y papur a'i anfon i'r cefn at Gerwyn. Cyfrodd at ddeg yn araf. Yna, clywodd ffrwydrad o chwerthin dros y dosbarth. Fel y gobeithiai, roedd Gerwyn wedi dangos y llun i Dylan Tships, a fedrai hwnnw byth reoli ei hun pan fyddai eisiau chwerthin. Trodd Cuthbert Caradog i sbio tua chefn y dosbarth, a golwg hanner chwilfrydig, hanner diniwed ar ei wyneb. Roedd Her Fflic wrthi'n dawnsio rhwng y byrddau i gyfeiriad

Dylan Tships, a'i wddw erbyn hyn wedi mynd yr un lliw â gwddw twrci. Gobeithio nad oedd Dylan yn mynd i rowlio'r papur a'i roi yn ei foch fel y gwnaeth rywbryd o'r blaen. Bu bron iddo â thagu'r pryd hwnnw. Roedd hwn yn bapur mwy hefyd. Pe bai Dylan yn cael pwl o chwerthin a'r papur yn mynd yn sownd yn nhwll ei wddw . . . doedd o ddim eisiau bod yn gyfrifol am farwolaeth Dylan Tships.

Yn ffodus, fu dim rhaid i Cuthbert boeni am hynny. Roedd Her Fflic wedi disgyn ar y darn papur fel hebog ar ysglyfaeth. Cafodd Cuthbert Caradog gip arno'n edrych ar y llun, cyn dechrau croesholi Gerwyn ynglŷn ag o. Trodd yntau at ei bapur Hanes, gan gymryd arno ysgrifennu'n brysur. Croesodd ei fysedd na fyddai Dylan Tships yn achwyn pan ddeuai ei dro — doedd o ddim bob amser gant y cant yn ddibynadwy mewn picil. Yna, fel roedd Cuthbert Caradog yn dechrau rhoi anadliad o ryddhad am ei fod wedi clywed Gerwyn yn ailadrodd yn ei lais pwyllog, diniwed, 'Rhywun wnaeth ei roi o ar fy nesg i, Syr. Wn i ddim pwy,' dyna fraich Llinos Mai yn picellu'r awyr. Gwyddai cyn iddi agor ei cheg fod y gnawes lygadog wedi ei weld yn anfon y llun i'r cefn a'i bod am dalu'n ôl iddo am ddwyn ei lle. Gwnaeth ei hun cyn lleied ag y medrai, fel malwen yn mynd i mewn i'w chragen, a daliodd ati i gymryd arno ysgrifennu, a'i ben yn pwyso ar ei fraich. Clywodd leisiau Her Fflic a Llinos Mai ar draws yr ystafell, ond nid oedd y geiriau'n cyrraedd ei ymennydd. Roedd yn rhy brysur yn ewyllysio â'i holl egni y byddai'r beiro Bic yr oedd yn ei hanelu i gyfeiriad Llinos Mai yn troi unrhyw funud yn ddifrodwr a fyddai'n dileu Llinos Mai o fodolaeth cyn iddi gael . . .

'CUTHBŶT!'

Bu bron i Cuthbert Caradog â neidio allan o'i groen. Roedd Her Fflic wedi llamu ar draws yr ystafell ac yn sefyll y tu ôl iddo. Gallai deimlo'i anadl ar ei war.

'Syr?' meddai mewn llais bychan.

'Ti sy'n gyfrifol am hyn?'

Doedd yr olygfa a welodd wedi iddo droi ei ben ddim yn un hardd. Hongiai gwallt Her Fflic ar draws ei wyneb, a syllai ei lygaid marblis mawr rhwng y cudynnau. Gallai Cuthbert Caradog weld gwythiennau mân, coch yng nghorneli ei lygaid. Roedden nhw yr un fath yn union â'r llygad hwnnw a brynodd yn y Siop Jôcs yn y dre erstalwm, hwnnw fyddai o'n arfer ei roi yng nghwpan de ei Fodryb Jini, nes byddai hi bron â thaflu i fyny . . .

'Rydw i'n aros, Cuthbŷt.' Roedd goslef ei lais yn isel y tro hwn. Yn ei ymdrech i'w reoli ei hun, symudai ei ffroenau'n ôl a blaen fel tagell pysgodyn. Ochneidiodd Cuthbert Caradog. Roedd Her Fflic wedi ei ddal yn ei fan gwannaf. Fedrai o yn ei fyw ddweud celwydd noeth yn wyneb neb. Celwydd golau, medrai, yn hawdd. Osgoi dweud y gwir i ddod allan o straffig, medrai. Ond pan oedd rhywun yn gofyn yn blwmp ac yn blaen yn wyneb rhywun, a hynny o fewn trwch blewyn i drwyn rhywun hefyd, roedd hi'n anodd iawn dweud celwydd.

'Ia, syr.'

'Rydw i eisiau dy weld di yn yr Ystafell Gerdd am un o'r gloch y prynhawn 'ma . . . yn brydlon.'

'Iawn, syr.'

Suddodd calon Cuthbert Caradog unwaith eto. Dim pregeth, dim fflicio gwallt, dim arwydd fod Her Fflic am fyrstio gwythïen . . . O, na! Cofiodd yn sydyn fod ganddo ymarfer grŵp pop at eisteddfod yr ysgol am un o'r gloch. Roedd Emyr Gwyn o Flwyddyn Deg wedi gofyn iddo ymuno, ar yr amod ei fod yn dod i bob ymarfer. Doedd o ddim eisiau cael ei gicio allan o'r grŵp. Byddai'n rhaid iddo ddod allan ohoni rywsut. Meddyliodd yn chwim. Roedd hi'n werth rhoi cynnig ar y dacteg hogyn-drwg-wedi-difaru-ac-wedi-troi'n-hogyn-da. Gafaelodd ynddi i gwblhau'r gwaith Hanes, ac wedi iddo orffen, gwthiodd ei bapur i gornel flaen y bwrdd lle gallai Her Fflic sylwi arno. Eisteddodd a'i freichiau ymhleth gan syllu'n ddigalon ar y bwrdd. Unwaith, pan ddigwyddodd Her Fflic fynd heibio, mentrodd gipedrych yn slei arno, a meddyliodd am eiliad fod golwg hanner-maddeugar ar ei wyneb. Pe bai o'n gwneud tipyn bach o grafu, efallai y newidiai Her Fflic ei feddwl. Penderfynodd fynd i ymddiheuro iddo — ar ôl i bawb arall fynd allan ar ddiwedd y wers. Bu'n ymarfer, yn ei feddwl, ei lais distaw, cryg. Byddai hwnnw'n siŵr o weithio. Byddai'n rhaid iddo, hefyd, gofio plygu'i ben yn wylaidd a syllu ar flaen ei sgidiau. Roedd y darlun ohono'i hun a ddychmygai yn ei feddwl yn un mor druenus nes gallai deimlo lwmp yn codi yn ei wddf.

Cl-r-r-r-r! Neidiodd Cuthbert Caradog wrth i'r gloch ganu. Wedi i Her Fflic roi'r arwydd, diflannodd y rhan fwyaf o'r dosbarth mewn fflach.

'Cadwch le imi yn y rhes ginio,' chwyrnodd yn ddistaw wrth Gerwyn a Dylan a oedd yn tin-droi wrth ei fwrdd ar y ffordd allan. Daliai Cledwyn Siôn i gadw'i bethau yn ofalus ac ara deg, fel pe bai'n methu derbyn fod y wers drosodd. Cymerodd Cuthbert Caradog arno durio yn ei fag i chwilio am rywbeth. Doedd o ddim am i Cledwyn Siôn, hyd yn oed, ei glywed yn crafu ar ôl Her Fflic.

'Mae 'na roli-poli jam i bwdin heddiw,' meddai rhwng ei ddannedd, yn y gobaith y gwnâi'r wybodaeth symud Cledwyn Siôn yn gyflym i gyfeiriad yr ystafell fwyta. Ond nid Dylan Tships oedd Cledwyn Siôn. Wnaeth y sylw byrfyfyr a ddaeth o dan y bwrdd ddim ond peri i Cledwyn Siôn oedi ymhellach a dechrau traethu am ragoriaethau brechdanau letys a thomato, a daioni tanjyrîns. Pan gododd Cuthbert Caradog ei ben roedd Her Fflic yn brasgamu drwy'r drws. Roedd ei gynlluniau'n fflemp.

'Chdi a dy blwmin letys,' hisiodd, gan roi cic i goes y bwrdd yn ei dymer. Aeth allan o'r ystafell gan adael Cledwyn Siôn yn rhythu'n wirion ar ei ôl.

Pennod 3

Archwiliodd Cuthbert Caradog ei fysedd. Roedd o'n siŵr eu bod ar fin cael clymau chwithig. Roedd blaen ei fys cyntaf yn berffaith fflat, ac ar ochr ei fys hir roedd tolc dwfn lle'r oedd ei feiro wedi gadael ei hôl am ei fod wedi gafael yn rhy dynn ynddi. Roedden nhw'n andros o wyn hefyd, fel pe bai dim gwaed o gwbl ynddyn nhw . . .

'Wyt ti wedi gorffen, Cuthbŷt?'

Gwingodd. Cuth*bŷt*. Cuth*bŷt*. Pam aflwydd na ddywedai o 'Cuthbert' fel pawb arall?

'Bron iawn, syr.'

'Dere mlân i orffen, 'te.'

Roedd Cuthbert Caradog wedi gorfod copïo pennod am Tchaikovsky allan o lyfr am hanes cerddorion fel cosb am wneud sbort am ben Cledwyn Siôn. Wrth gwrs, roedd yn rhaid i Her Fflic fod wedi dewis Tchaikovsky o bawb. Roedd enw hwnnw'n cymryd amser i'w sgwennu, heb sôn am ddim arall. Fel pe bai Her Fflic wedi darllen ei feddwl ynglŷn â'r llyfrau *Siâms a Siencyn* a'r piano, roedd wedi aberthu rhan o'i awr ginio i'w arolygu ac i wneud yn siŵr na châi gyfle i wneud dim o'i le.

Drwy lwc, roedd Cuthbert Caradog wedi digwydd gweld Emyr Gwyn ar y ffordd i ginio, ac wedi medru egluro iddo pam na fyddai yn yr ymarfer. Doedd o ddim yn rhy fodlon. Hwn oedd yr ymarfer o ddifrif cyntaf. Ystyriai Cuthbert Caradog hi'n fraint fod Emyr Gwyn wedi gofyn iddo o gwbl. Roedd hwnnw wedi clywed gan rywun ei fod yn medru chwarae'r gitâr, ac roedd wedi gofyn iddo ddod â'i gitâr i'r ysgol yr wythnos cynt 'i weld sut siâp' oedd arno.

Yn ei frwdfrydedd, doedd Cuthbert Caradog ddim wedi ystyried nad hen gitâr fawr bren fyddai gan Emyr Gwyn. Cochodd wrth gofio am yr hogiau eraill yn gwneud sbort am ben ei gitâr. Roedd wedi ei phrynu hi oddi ar ei gefnder-moto-beic efo pres y rownd bapur, ac ar wahân i ambell wers gan Martin, roedd o wedi dysgu ei chwarae ei hun. Doedd y ffaith fod sticeri o grwpiau pop a oedd bellach wedi mynd yn angof yn dal i lynu'n dameidiau penderfynol, gwelw, hyd gefn y gitâr ddim wedi bod fawr o help chwaith. Ew! Beth fyddai'n ei roi am gael gitâr drydan, sgleiniog, ddu fel un Emyr Gwyn! Roedd wedi bod yn awgrymu drwy'r gwyliau haf y buasai'n hoffi cael gitâr drydan, i baratoi at ei ben blwydd ddechrau fis Medi, ond roedd o wedi gorfod bodloni ar bâr o sgidiau pêl-droed newydd oedd yn gwbl wahanol i'r rhai yr hoffai eu cael. Daeth pwl sydyn o ddigalondid drosto. Doedd pethau ddim wedi bod yr un fath er pan gollodd ei dad ei waith yn y ffatri-gwneud-partiau-ceir ar gyrion y dref. A doedd o ddim yn golygu eu bod nhw'n gorfod gwylio'r geiniog yn unig, chwaith. Bob tro y byddai ei dad yn y tŷ, byddai rhyw awyrgylch ddiflas ym mhobman. Anaml y byddai ei dad yn cadw reiat gydag o fel o'r blaen, nac yn jocian, a châi yntau ffrae ganddo am bethau y byddai'n chwerthin am eu pen cynt.

'Rwyt ti wrthi hi eto, Cuthbŷt.' Sythodd Cuthbert Caradog yn sydyn a syllu'n syn ar Her Fflic. Oedd o wedi bod yn pigo'i drwyn heb sylweddoli hynny? 'Yn breuddwydio yn lle brysio i orffen.'

Hy! Gwyddai Cuthbert Caradog fod Her Fflic ei hun wedi cael llond bol ar fod yn yr Ystafell Gerdd erbyn hyn, a'i fod yn ysu am i'w ddisgybl orffen ysgrifennu er mwyn iddo gael mynd i ystafell yr athrawon i siarad amdano. Heblaw ei fod o bron â marw o eisiau mynd i'r toiled, buasai Cuthbert Caradog yn ysgrifennu fel malwen i dalu'n ôl iddo!

Pan oedd Cuthbert Caradog ar fin gorffen y gwaith, daeth cnoc ysgafn ar y drws a cherddodd Miss Humphreys i mewn. Cododd ei haeliau'n gwestiyngar wrth fynd heibio iddo at ddesg Her Fflic, ond roedd hi'n gwenu 'run fath. Hen dro iddi hi ddod i mewn, er hynny. Doedd o ddim eisiau creu argraff anffafriol ohono'i hun. Synhwyrodd fod Her Fflic yn dweud wrthi pam roedd o'n gorfod aros i mewn, achos roedd y ddau'n sibrwd. Yna cododd Her Fflic a cherddedd dow-dow i'r gornel bellaf lle'r oedd y cyfrifiadur, a Miss Humphreys gydag o.

Clustfeiniodd Cuthbert Caradog, ond roedd gwrando arnynt fel ceisio gwrando ar ei radio pan oedd y batris yn isel. Yr unig beth a wyddai oedd fod y ddau wedi ymgolli yn y sgwrs a'u bod yn wynebau ei gilydd. Bob hyn a hyn chwarddai Miss Humphreys nes âi ei hwyneb yn binc. Fedrai Cuthbert Caradog ddim dirnad sut fedrai hi ddioddef siarad ag o, heb sôn am ymddwyn fel pe bai hi'n mwynhau ei gwmni.

Cododd Cuthbert Caradog yn sydyn gan wthio'i gadair yn swnllyd yn erbyn y bwrdd y tu ôl iddo, a chau'r llyfr cerddoriaeth yn glep. Trodd y ddau i edrych arno.

'Wedi gorffen, wyt ti?' gofynnodd Her Fflic.

'Do, syr.'

'Wel, dere â'r gwaith i mi, 'te, ac fe gei di fynd wedyn.'

Aeth Cuthbert Caradog â'r gwaith iddo, gan deimlo dau bâr o lygaid yn ei ddilyn yr holl ffordd.

'Esgusodwch fi, mus, ond faint o'r gloch ydi hi rŵan?' gofynnodd i Miss Humphreys, er ei fod newydd edrych ar ei wats eiliadau ynghynt.

'Pum munud ar hugain wedi un,' atebodd Miss Humphreys, gan wenu.

'O, diolch,' meddai'n araf, a rhyw dinc mawreddog yn ei lais. 'Os brysia i, mi fedra i gael pum munud o ymarfer efo'r grŵp pop at yr eisteddfod.'

Synhwyrodd fod Her Fflic ar fin dweud rhywbeth

wrtho, ond cyn iddo gael cyfle trodd Cuthbert Caradog ar ei sawdl a brysio allan. Gobeithio y byddai'n teimlo'n euog am wneud iddo golli'r ymarfer. Tynnodd y drws ar ei ôl a gadael iddo roi clep fechan, ond daliodd y ddolen i lawr fel nad oedd wedi ei gau. Yna, yn ddistaw bach, agorodd gil y drws drachefn, nes ei fod yn gallu gweld y ddau ohonyn nhw. Dalient i sgwrsio'n danbaid. Hei! Roedd Miss Humphreys wedi rhoi ei llaw ar fraich Her Fflic . . . dim ond am eiliad . . . ond fe wnaeth hi. Doedd hi erioed yn ffansïo Her Fflic? Y ddynes wirion!

'Be ti'n feddwl ti'n 'neud, y lob?'

Bu bron i Cuthbert Caradog neidio o'i groen. Caeodd y drws yn sydyn, gan feddwl ei fod wedi cael ei ddal gan un o'r athrawon. Ond, diolch byth, dim ond y gofalwr oedd yno. Cymerodd arno archwilio pren y drws.

'Dwi'n siŵr fod yna dwll pry yn y drws 'ma, 'chi, Sel,' meddai'n ddifrifol, gan gadw'i lais yn isel. 'Roeddwn i wedi bod yn cadw rhyw lyfrau yn yr Ystafell Gerdd, ac ar y ffordd allan mi glywais i sŵn bach rhyfedd yn dod o gyfeiriad y drws.'

'Sut sŵn, 'lly?'

'Mae'n anodd i'w ddisgrifio. Rhyw sŵn clician bach. Dwi'n siŵr mai pryfed pren sy 'na.'

Wrth siarad, symudai ymhellach oddi wrth y drws gan arwain Sel gydag o.

'Dwi'n cofio, pan oeddwn i'n aros yn nhŷ Nain

Nefyn erstalwm, mi fyddwn i'n clywed yr un sŵn wrth orwedd yn ddistaw yn fy ngwely yn y nos. Erbyn y bora roedd 'na raeadra bach o lwch pren ar hyd ochr y wardrob, a thylla bach crwn ym mhobman . . . a rydw i'n siŵr fod rhai ar ddrws yr Ystafell Gerdd hefyd.'

'Y? Dos o'na, di.'

'Ewch i weld, 'ta.'

Homar o ddyn mawr, tal oedd Selwyn Rowlands y gofalwr. Meddyliai ei fod yn olygus, a cherddai o gwmpas yr ysgol fel Arnold Schwartzenegger. Hoffai wisgo crys sgwariog coch wedi'i wthio i mewn i jîns du a oedd yn rhy dynn iddo, ac yn un glust roedd ganddo gylch clust aur gyda siâp esgyrn croesion ar ei waelod. Am ei ganol gwisgai felt llydan o ledr gyda styds metel arno, ac o'r belt hwn hongiai swp anferth o oriadau. Gellid clywed Sel yn dod o bell, gan fod y goriadau'n siglo'n ôl a blaen yn swnllyd wrth iddo gerdded. Cymerai rhai o enethod Blwyddyn Deg arnynt eu bod wedi gwirioni arno, gan wneud sŵn gwichian ac ochneidio pan ddeuai i'r golwg, er mwyn ei weld yn sgwario. Roedd ganddo ddwy boced yn ei grys, ac yn un ohonynt cariai grib. Os digwyddai iddo orfod croesi'r iard ar ddiwrnod gwyntog deuai'r crib allan yr eiliad y camai drwy un o'r drysau, a thaclusai ei wallt, a edrychai bob amser fel pe bai angen ei olchi. Roedd Cuthbert Caradog wedi ei weld unwaith yn dal y swp goriadau o flaen ei drwyn ac yn meinio'i lygaid. Gwelsai ef hefyd yn cipedrych yn frysiog o'i gwmpas ac yn estyn sbectol o'i boced arall, ac yna ar ôl ei gwisgo am eiliad yn ei chadw cyn gynted ag y medrai.

Aeth Sel at y drws a phlygu i'w archwilio. Pellhaodd Cuthbert Caradog wysg ei gefn. Yn sydyn, agorodd y drws. Ymddangosodd Her Fflic, gan edrych yn syn ar Sel. Sleifiodd Cuthbert Caradog o'r golwg, fel roedd cloch cofrestru'r pnawn yn canu. Ar ôl bod yn y toiled, meddyliodd y buasai'n rhoi gwib i gefn y neuadd rhag ofn bod yr hogiau'n dal yno, er mwyn iddo gael gwybod pryd oedd yr ymarfer nesaf. Rhedodd fel milgi gan weu'n grefftus drwy'r lli a oedd yn dod i'w gyfarfod drwy'r drws allan. Cyrhaeddodd y neuadd i weld Alun Parri o Flwyddyn Deg wrthi'n casglu cêblau at ei gilydd ac yn cadw'r allweddellau yn ei gas. Bachgen tal, tenau oedd Alun Parri, a golwg arno fel pe bai dragwyddol yn ceisio cofio rhywbeth.

'Sut aeth yr ymarfer?' gofynnodd Cuthbert Caradog, yn chwythu braidd ar ôl y rhedeg.

'Ym . . . ddim yn ddrwg.'

'Pa bryd mae'r ymarfer nesa?'

Gwyliodd Cuthbert Caradog ef yn rowlio cêbl rownd plwg yn ofalus, a'i gadw yn ei boced. Roedd yn gas ganddo bobl oedd yn siarad yn ara deg, heb ddweud dim byd yn blaen.

'Wsnos nesa?'

'Ia . . . ma'n siŵr . . . ond dydw i ddim yn siŵr iawn fydd 'na angen i ti ddod.'

Rhoddodd calon Cuthbert Caradog dro.

'Y? Be ti'n feddwl? Mae Emyr Gwyn wedi dweud . . .'

'Wel . . . y . . . mi ddigwyddodd Sam Jones ddod i mewn pan oedden ni'n ymarfer . . . a . . . y . . . wel, mae o'n medru chwarae gitâr hefyd, erbyn gweld. Mae Emyr Gwyn wedi . . . y . . . rhyw fath o addo ceith o chwarae.'

'Diawl dan din! Roedd o wedi addo y baswn i'n cael gwneud!'

Gafaelodd Alun Parri yng nghas yr allweddellau a'i chychwyn hi o'r neuadd, ei gorff main yn plygu i un ochr dan y pwysau fel coeden helyg yn y gwynt.

'Y . . . tasat ti wedi bod yma fasa 'na ddim problem.'

'Her Fflic gadwodd fi i mewn, 'te. Mi eglurais i hynny wrth Emyr Gwyn.'

Erbyn hyn roedd Cuthbert Caradog wedi gwylltio ac wedi dechrau gweiddi.

'Dydy hyn ddim yn deg o gwbl. Mae Emyr Gwyn yn hen sinach dauwynebog, hyll. Mi gei di ddeud hynny wrtho fo hefyd. Pwy sydd isio chwarae gitâr yn ei hen grŵp stiwpid o beth bynnag?'

Edrychodd Alun Parri arno gyda llygaid brown, dwys, ac un ael wedi'i chodi fel bwa. Roedd ei wyneb llwyd yn gwbl ddifynegiant.

'Dweud y gwir,' meddai'n araf, 'ym . . . roeddwn i'n meddwl dy fod ti'n chwarae'n well na Sam Jones. Ond dyna fo. Emyr sydd wedi cychwyn y grŵp . . . ac . . . y . . . mae'n siŵr mai fo ddylai ddweud pwy sydd ynddo fo. Hwyl.'

Wel, o leia roedd Alun Parri yn meddwl ei fod o'n chwarae'n dda. Ond doedd hynny'n fawr o gysur. Roedd o wedi meddwl cael chwarae hefo'r grŵp yn steddfod yr ysgol, a phe bai ei fam a'i dad yn dod i'w weld ac yn rhyfeddu at ei dalent, hwyrach y bydden nhw'n gwerthu dodrefn yr ystafell fyw er mwyn prynu gitâr iddo. Dychmygodd ei fam a'i dad yn eistedd ar lawr a'u coesau wedi'u croesi fel dau deiliwr, yn syllu arno ar y teledu yn chwarae'r gitâr ar 'Heno'. Gwelai ei enw wedyn ar benawdau'r papurau newydd Cymraeg — 'Gitarydd o'r Parc yn swyno'r dorf', a'r rhai Saesneg hefyd, 'C. C. Jones to tour America'. Gwelodd ei hun yn tyfu'n filiwnydd ac yn anfon Cadillac pinc yn anrheg i'w fam, fel y gwnaeth Elvis Presley. Cadillac pinc? Na, Cadillac gwyn, mawr . . .

'Wyt ti wedi bod yn cofrestru?' Torrodd y llais cras, blin ar ei freuddwydion. Harris Cem oedd yna, yn disgwyl i ddal rhai oedd yn dod i mewn yn hwyr o'r cae. Slei.

'Naddo, syr.'

'Wel, be ti'n 'neud yn cicio dy sodla yn fan'ma? Mae'r gloch wedi mynd ers meitin. Hegla hi.'

Rhedodd Cuthbert Caradog nerth ei draed ar hyd y coridorau gwag a chyrraedd Ystafell Naw ar ganiad y gloch gwersi. Fel roedd y dosbarth yn mynd allan o'r ystafell, daeth Pogo i'w gyfarfod. Roedd o'n gwenu'n wirion, ac yn ceisio dweud rhywbeth, ond ni ddeallodd Cuthbert Caradog. Roedd hi'n anodd deall Pogo ar y gorau. Roedd ganddo ryw ffordd gyflym ac isel o siarad, a chan na fedrai ynganu 'r' yn iawn, swniai fel pe bai dragwyddol yn garglio at ddolur gwddw. Doedd dim gobaith ei ddeall wrth fustachu drwy lwyth o blant swnllyd.

'Wela i di wedyn,' meddai wrtho, gan wasgu ei hun yn denau i fynd i mewn drwy'r drws.

'Mae'n ddrwg gen i 'mod i'n hwyr,' mwmiodd wrth Miss Humphreys a oedd yn plygu uwchben y gofrestr.

'Iawn,' atebodd ar ôl saib bach. Nid oedd yn gallu gweld ei hwyneb gan fod ei gwallt yn ei guddio, ond roedd ei llais yn swnio'n iawn. Gwelodd hi'n rhoi marc ar y gofrestr. Cychwynnodd allan.

'Ga i air bach, Cyth?'

Safodd yn ei unfan. Roedd Sel wedi dweud wrthi hi a Her Fflic amdano'n sbecian arnyn nhw. Crafangodd yn wyllt am rywbeth call i'w ddweud. Wnâi stori'r tyllau pryfed mo'r tro i Miss Humphreys . . .

Disgwyliodd am y ffrae. Ond y cyfan wnaeth hi oedd estyn dyddiadur o'i bag a throi'r tudalennau'n wyllt a golwg synfyfyriol arni. Yna, sgriblodd nodyn ar dudalen o bapur, ei blygu'n ddau, a'i styffylu.

'Mi wneith hyn yn lle amlen,' meddai. 'Fasat ti mor garedig â rhoi hwn i Mr Watcyn heno? Dim ond ei daro fo drwy'r drws. Rwyt ti'n byw wrth ei ymyl, yn dwyt ti?'

'Ydw, mus. Iawn mus. Mi wna i.'

Cafodd y fath ryddhad o wybod nad oedd Miss Humphreys yn mynd i'w geryddu, nes ei fod yn gwenu fel giât. Rhoddodd y nodyn ym mhoced gefn ei drowsus.

'Mi anghofiais ddweud rhywbeth wrtho fo gynnau, ac mae o'n mynd â chriw o Flwyddyn Deuddeg i gyngerdd yn y dre yn syth ar ôl cofrestru,' aeth Miss Humphreys ymlaen. 'Diolch yn fawr iti.'

Cymerodd Cuthbert Caradog ei amser i fynd i'r wers. Celf oedd ganddo, ac roedd pawb yn mynd a dod o wers Ed Flynn fel pe baen nhw mewn gwersyll gwyliau. Meddyliodd tybed beth oedd yn y nodyn. Estynnodd ef o'i boced a'i droi bob ffordd, ond roedd wedi ei styffylu'n ddiogel. Cadwodd ef drachefn.

Nid oedd prin wedi cerdded drwy ddrws yr Ystafell Gelf pan ddaeth Pogo ato a'i gyfarch, 'Helô Cuth*bŷt*!' Ynganodd ei enw yn union fel y gwnâi Her Fflic. Teimlodd Cuthbert Caradog ei wrychyn yn codi, ond cymerodd arno nad oedd wedi sylwi, a mynd i chwilio am ei ffolder Celf. Dilynodd Pogo ef.

'Pan oeddwn i'n mynd i gofrestru mi stopiodd Mr Watcyn fi a gofyn oeddwn i wedi gweld "Cuth*bŷt*"!' meddai. Roedd Pogo yn gallu bod yn rêl niwsans weithia. Gwyddai nad oedd wiw iddo ddangos ei fod wedi gwylltio, neu fyddai dim diwedd ar ei bryfocio.

'Methu byw hebdda i, mae'n rhaid,' atebodd Cuthbert yn ysgafn. 'Dwi wedi bod yn gwneud gwaith i'r mwnci drwy'r amser cinio. Hei! Be ti'n feddwl o'r llun yma?'

'Bril!' meddai Pogo, gan sychu ei geg binc efo'i

lawes. Roedd o'n drewi o sherbert. Un fantais efo Pogo oedd ei bod hi'n ddigon hawdd troi'r stori, ond rhag ofn iddo ddechrau arni eto penderfynodd fynd i eistedd wrth fwrdd gwahanol. P'run bynnag, doedd ganddo ddim awydd malu awyr efo'r criw heddiw. Doedd o ddim mewn tymer rhy dda. A be goblyn oedd Her Fflic eisiau eto, tybed? Rhywbeth o'i le ar y gwaith ysgrifennu wnaeth o . . . neu Sel wedi achwyn arno, efallai. Un peth oedd yn sicr, roedd busnes y chwarae gitâr wedi ei siomi o ddifri, ac ar un person yn unig oedd y bai. Her fflipin Fflic!

Pennod 4

Fel roedd Cuthbert Caradog wrthi'n gorffen ei de canodd cloch y ffôn. Roedd o hefyd wrthi'n gwylio cartŵn ar y teledu bach tra oedd o'n cael ei fwyd.

'Wneith rhywun godi'r ffôn yna!' rhuodd ei dad o'r ystafell fyw.

Brysiodd Gwyneth Jones o'r gegin gan ochneidio, a gafaelodd yn y ffôn gyda llaw rwber felen, wlyb. Gwrandawodd am eiliad, ac yna troi at ei mab a golwg braidd yn flin arni.

'Chdi!' meddai.

Glanhaodd Cuthbert Caradog weddill y sôs brown oddi ar ymyl ei blât efo crystyn, a'i stwffio i'w geg efo'r tshipsen olaf, oer. Cododd yn ara deg o'i gadair i fynd at y ffôn, ei lygaid yn dal wedi'u hoelio ar sgrin y teledu.

'Mnho?' mwmiodd i'r ffôn, gan sychu'r swigod mân oddi arno gyda llawes ei siwmper ysgol.

'Cyth?'
'Ia.'
'Fi sy 'ma.'
'Pogo?'
'Ia.'

'Wyt ti wedi gwneud dy waith cartref Saesneg?'
'Y? Does 'na 'run.'
'Oes.'
'Be?'
'Y peth 'na ynglŷn â smalio bod y boi 'na'n siarad hefo fo'i hun ne rwbath.'
'Y?'
'Ti'n gwbod, mynd ymlaen ac ymlaen am be mae o'n feddwl ne rwbath.'
'Y? O, ia. Ymson. Doeddwn i'n cofio dim amdano fo.'
'Wyt ti'n deall be sydd isio'i wneud?'
'Nac ydw. Dydw i ddim yn cofio'r stori.'
'Na fi. Jake ne rwbath oedd ei enw fo.'
'Blake.'
'Jake.'
'Blake, Jake, Cake — dydy o ddim yn mynd i fod llawer o wahaniaeth os nad ydan ni'n gwbod y stori.'
'Wyt ti'n meddwl bydd Dylan Tships yn gwybod?'
'Na fydd, yn bendant.'
'Ffonia Gerwyn, ac wedyn ffonia fi.'
'Na, mae gen i well syniad. Mi awn ni i'w nôl o i ddod rownd dre. Tyrd i fy nôl i ymhen hanner awr.'
'Iawn. Hwyl.'
'Hwyl.'
'Hwyl.'
'HWYL!'
Cychwynnodd Cuthbert Caradog am y llofft i newid o'i ddillad ysgol.

'Diffodd y teledu bach, wnci di?' Roedd ei dad hefyd yn gwylio cartŵn yn yr ystafell fyw.

'Iawn, Dad.'

Diffoddodd y teledu. Wrth iddo groesi'r ystafell fyw, dyma'i dad yn dweud,

'Wyt ti wedi gwneud dy waith cartra?'

'Do . . . ym . . . naddo.'

'Do 'ta naddo?'

'Naddo . . . eto.'

'G'na fo cyn mynd allan.'

'Mae Pogo'n dod i fy nôl i rŵan jest.'

'Mi geith o ddisgwyl. G'na fo cyn mynd allan neu mi fyddi di ar dy draed tan berfeddion nos yn ei wneud o.'

Cyfrodd Cuthbert Caradog hyd at ddeg.

Doedd o DDIM am ffraeo efo'i dad eto heno.

'Wel, mae'n rhaid i mi gael benthyg y llyfr 'ma gan Gerwyn gynta. Dyna lle mae Pogo a fi'n mynd. Doedd 'na ddim digon o lyfrau ac rydan ni'n gorfod rhannu, 'dach chi'n gweld.'

'Hmh! Paid â bod allan yn hwyr 'ta.'

'Iawn.'

Brysiodd Cuthbert Caradog i fyny'r grisiau. Roedd yn rhaid i'w dad gael y gair ola . . . a hwnnw'n un pigog fel arfer, y dyddiau hyn.

Newidiodd i jîns a siwmper, ac wrth iddo hongian ei drowsus ysgol ar gefn y gadair disgynnodd rhywbeth o'i boced. Llythyr Miss Humphreys! Byddai'n rhaid iddo gofio'i daro i mewn drwy ddrws

Her Fflic wrth iddo fynd heibio yn y munud. Archwiliodd y llythyr eto, gan ei godi at y golau rhag ofn y gallai ddarllen yr ysgrifen, ond roedd fel heirogliffics a'r papur yn ei blyg. Gwthiodd ef i boced ei jîns.

Syrthiodd ei olygon ar ei gitâr yn pwyso yn erbyn cornel y wardrob. Cydiodd ynddi a mynd i eistedd ar ochr y gwely i'w chwarae. Roedd wrth ei fodd yn chwarae'r hen gitâr, ond mor braf fuasai cael un drydan! Roedd o wedi colli ei gyfle i chwarae efo grŵp Emyr Gwyn yn y steddfod, ac roedd hynny'n gwneud iddo deimlo'n ddiflas. Ond chwarae teg i'r hen Alun Parri, roedd o wedi dweud mai fo oedd y gorau am chwarae'r gitâr, ac nid Sam Sbam Jones.

Caeodd Cuthbert Caradog ddrws ei lofft, gafaelodd mewn band chwys oddi ar ei gwpwrdd a'i roi am ei dalcen nes bod ei wallt yn codi'n syth i fyny fel pe bai wedi cael sioc drydanol. Safodd o flaen drych y wardrob yn gafael yn y gitâr, ei goesau ar led a'i bengliniau'n troi i mewn. Yna, dechreuodd floeddio canu dros y llofft bob math o benillion byrfyfyr disynnwyr am bobl nad oedd yn arbennig o boblogaidd ganddo ar y funud honno, gan siglo a phlygu a throi fel un o'i go.

Roedd y penillion yn dechrau troi'n anweddus pan agorodd drws ei lofft yn sydyn, a safodd yntau'n stond. Ei fam oedd yno, yn edrych yn syn arno.

'Wyt ti'n dechrau drysu?'

Cadwodd y gitâr, a thynnu'r band chwys. Cribodd ei wallt yn ôl i'w le efo'i fysedd.

'Dim ond cael dipyn bach o sbort.' Yna ychwanegodd, 'does dim llawer o hwnnw o gwmpas y tŷ 'ma y dyddiau hyn.'

Newidiodd gwedd ei fam, ac eisteddodd ar ochr y gwely.

'Be wyt ti'n feddwl?'

'Dim.'

Ochneidiodd Cuthbert Caradog, ac eisteddodd wrth ochr ei fam. 'Wel, o'r gora 'ta, os 'dach chi isio gwybod. Mae'n ddiflas yma — cha i ddim gwneud sŵn na deud dim byd digri heb i chi a Dad edrych yn flin arna i, a does yr un ohonoch chi'ch dau yn cymryd sylw o gwbwl ohona i, dim ond siarad hefo'ch gilydd o hyd fel tasach chi'n trefnu angladd.'

Edrychodd Gwyneth Jones ar ei mab gyda llygaid mawr, gofidus. 'Wel, dydy petha ddim wedi bod yn braf iawn yma'n ddiweddar, mi rwyt ti'n iawn. Ti'n gweld, mae bod heb waith yn effeithio ar dy dad — yn ei wneud yn flin a byr ei amynedd. Roedd o wedi trio am job is-reolwr yn Siop Foduro Cymru ddechrau'r wythnos, ond rhyw hogyn ifanc gafodd hi. Mae o'n waeth yr wythnos yma o achos hynny. Ond hidia befo, mi wellith petha.'

Roedd golwg mor boenus ar ei fam wrth iddi syllu ar flaen ei sliperi nes i Cuthbert Caradog ddifaru ei fod wedi dweud dim. Rhoddodd ei fraich am ei hysgwydd a dweud, 'Peidiwch â phoeni, Mam. Dydy hi ddim mor ddiflas â hynny. Fi sydd mewn hwyliau drwg.' Dywedodd hanes y diwrnod wrthi, gan adael allan y rhan am Her Fflic yn ei gadw i mewn amser cinio.

'Hidia befo,' meddai. 'Mi gei di gyfle eto i chwarae yn steddfod yr ysgol, a phwy a ŵyr, efallai y byddi di wedi cael gitâr drydan erbyn hynny!' Gwyliodd Cuthbert Caradog wyneb ei fam yn ofalus. Dweud hynny i'w gysuro roedd hi. Clywodd y ddau sŵn curo ar ddrws y cefn.

'Pogo,' meddai Cuthbert Caradog. 'Mae o'n gynnar.' Rhedodd i lawr y grisiau, a dilynodd ei fam ef yn araf deg.

'Io, Cyth,' meddai Pogo pan agorodd y drws cefn.

'Io. Tyrd i mewn am funud i mi gael rhoi fy sgidia-dal-adar.'

'Y?'

'Dyna be mae Taid Nefyn yn galw trênyrs, neu sgidia distaw.'

'Sgidia-dal-adar! Da, 'fyd. Ond pwy sy isio dal adar?'

'Roedd Taid Nefyn yn dal adar to erstalwm, a'u ffrio nhw i frecwast.'

'Ha!' Rhoddodd Pogo un chwerthiniad uchel dros bob man a drodd wedyn fel sŵn cloc larwm cryg yn gwrthod stopio. Tynnodd Cuthbert Caradog yng nghareiau ei sgidiau. 'Neis hefo sôs coch,' meddai. Chwarddodd Pogo nes bod ei wyneb llwyd yn binc.

'Hei! Atgoffa fi fod rhaid imi fynd â hwn i dŷ Her Fflic,' meddai, er mwyn cael Pogo allan o'r ffit chwerthin.

'Be ydy o?'

'Llythyr oddi wrth Miss Humphreys at Her Fflic.'

'Ga i 'i weld o?'

'Dim byd i'w weld. Mae hi wedi'i styffylu o. Dwi'n meddwl mai llythyr yn gofyn am ddêt ydy o. Mae Miss Humphreys yn ffansïo Her Fflic.'

Gafaelodd Pogo yn y llythyr a'i osod ar fwrdd y gegin. Syllodd arno fel pe bai'n ddarn o Ysgroliau'r Môr Marw.

'Hei,' meddai'n araf ymhen dipyn. 'Oes gen ti styffylwr?'

'Oes, yn rwla . . . Y?'

Edrychodd Cuthbert Caradog ar Pogo.

'Na,' meddai, gan symud ei aeliau i fyny ac i lawr yn gyflym, a chymryd arno syllu'n flin ar Pogo.

'Ia,' meddai Pogo, a gwên ddrwg ar ei wyneb. 'Dos i nôl y styffylwr.'

Aeth Cuthbert Caradog i ddrôr y cwpwrdd yn yr ystafell fyw. Roedd ei fam a'i dad ar hanner sgwrs pan ddaeth i mewn, ac yn gweiddi braidd. Tawelodd y ddau pan gerddodd drwy'r drws. Brysiodd yn ôl i'r gegin a'r styffylwr yn ei law. Roedd Pogo erbyn hyn wrthi'n brysur yn agor y styffylod ar y llythyr gyda chyllell fach torri cacen a welsai ar y bwrdd. Roedd golwg ddifrifol ar ei wyneb fel pe bai'n llawfeddyg wrthi'n gwneud llawdriniaeth gymhleth.

Safodd Cuthbert Caradog gan edrych arno a'i geg yn agored.

'Mae'n rhaid imi dynnu'r styffylod yn ofalus,' meddai Pogo, 'rhag i'r tyllau fynd yn fwy, neu mi fydd o wedi amau.'

Toc, roedd rhes o styffylod ar fwrdd y gegin. Rhoddodd Pogo y llythyr i Cuthbert Caradog. 'Agor o,' meddai.

'Na, agor di o. Dy syniad di oedd o.'

Gwenodd Pogo. Agorodd y llythyr yn ara deg a symudodd Cuthbert Caradog i edrych dros ei ysgwydd. Darllenodd:

Annwyl Ron,

Wedi ailfeddwl. Mi fuasai heno'n well, os ydy hynny'n dal yn gyfleus i ti. Tua 8 o'r gloch?

Diolch,

Eleri.

'Iesgob! Mi roeddat ti'n iawn hefyd!' meddai Pogo'n ddistaw. 'Sut oeddat ti'n gwybod?'

'Doeddwn i ddim, siŵr iawn. Dweud rwbath oeddwn i.'

Darllenodd Cuthbert Caradog y llythyr eto. Teimlai'n flin. Sut goblyn fedrai dynes mor ddel â Miss Humphreys ffansïo rhywun fel Her Fflic?

'Ella nad dêt ydy o,' meddai, gan godi ei ysgwyddau.

'Mi fetia i di mai dyna ydy o,' mynnodd Pogo. 'Sbia, mae o'n dweud *"Annwyl"* Ron.'

'Mae pawb yn dechra llythyr fel'na, y lembo,' meddai Cuthbert Caradog. 'Fasa hi ddim yn dweud "diolch" ar y diwedd; mi fasa hi'n dweud, "edrych ymlaen at dy weld" neu rywbeth fel'na.'

'Ella y basa hi'n dweud "diolch". Diolch am ei fod o wedi gofyn iddi fynd allan hefo fo.'

'Beth bynnag. Mae'n well imi ei styffylu fo yn ôl at ei gilydd.'

Cymerodd ei amser er mwyn cael y styffylod i dyllau'r hen rai. O'r diwedd, roedd y llythyr wedi ei gau fel yr oedd o cynt. Tra oedd o wrthi'n gwneud hyn daeth Cuthbert Caradog yn ymwybodol o sŵn ffraeo uchel yn dod o'r ystafell fyw.

'Mam a Dad yn cael gwahaniaeth barn ynglŷn â rwbath,' meddai'n ysgafn. 'Tyd, mi awn ni â hwn i dŷ Her Fflic.'

Doedd car Mr Watcyn ddim y tu allan i'w dŷ, diolch byth. Hwyrach nad oedd o wedi dod yn ôl o'r cyngerdd yn y dref efo Blwyddyn Deuddeg, meddyliodd Cuthbert Caradog. Doedd dim peryg iddo ddod ar ei draws, felly.

Ar ôl rhoi'r llythyr drwy'r drws teimlai Cuthbert Caradog yn euog. Ni ddywedodd air ynglŷn â hynny wrth Pogo chwaith.

'Paid â dweud wrth neb ein bod ni wedi edrach ar y llythyr,' meddai Cuthbert Caradog yn ddifrifol.

'Iawn,' meddai Pogo, gan wthio'i ddwylo i bocedi ei drowsus a dechrau chwibanu.

Cerddodd y ddau yn hamddenol gan anelu am y llwybr bach yng nghefnau tai Tan-y-graig. Roedd hi'n noson dawel, laith, a niwl llwydlas yn pylu mymryn ar ben draw'r strydoedd ac yn mygu sŵn gweiddi plant a chwaraeai rywle o'r golwg rhwng y rhesi tai. Atseiniai cyfarthiad ambell gi yn y pellter, a phob hyn a hyn deuai sŵn rhoncian lorri neu fws o gyfeiriad y ffordd fawr. Doedd fawr neb o gwmpas. Roedd y siopau wedi cau ers un awr, a phobl wedi cyrraedd adref o'u gwaith. Hofranai llonyddwch a melancoli'r hydref dros y lle.

Gobeithio fod ei fam a'i dad wedi rhoi'r gorau i

ffraco, meddyliodd Cuthbert Caradog wrth wylio deilen yn disgyn yn llipa a di-sŵn oddi ar un o goed eiddil, carpiog y palmant. Roedd ganddo syniad am beth roedden nhw'n ffraeo. Ddylai o ddim fod wedi swnian wrth ei fam.

Daeth Pogo o hyd i dún Coca-Cola wedi ei blygu fel consartina a dechreuodd ei gicio o'i flaen. Roedd y sŵn yn diasbedain yn y stryd wag fel pe bai cant o duniau'n cael eu llusgo, gan wneud i'r ddau deimlo fod yr holl stryd yn edrych arnynt.

'Sbia pwy sydd yn y ciosg ffonio yn fan'cw,' meddai Pogo, gan adael llonydd i'r tún ar ôl i rywbeth gwell fynd â'i sylw.

'Heidi-ho a Mandi Jones,' meddai Cuthbert Caradog. Roedd Heidi Lloyd a Mandi Jones bob amser yn y ciosg ffonio.

'Ffonio hogia maen nhw,' meddai. 'Tyrd i wneud gwyneba arnyn nhw.'

Rhedodd y ddau'n ddistaw at y ciosg. Roedd y ddwy â'u cefnau atynt. Cododd Pogo ei siaced ddu dros ei ben a thynnu ei freichiau'n ôl o'r llewys a'u fflapio yn ôl a blaen. Rhoddodd Cuthbert Caradog ei ddau fys bach yng nghorneli ei geg a dau fys hir yng nghorneli ei lygaid a thynnu ar ei groen nes bod ei lygaid yn hiciau hirion, a'i wefusau wedi troi tu chwith. Pwysodd ei wyneb yn erbyn gwydr y ffenestr gan wneud llygaid croes a dal ei ben yn gam. Clywodd sgrech o du mewn y ciosg a gwelodd Mandi

Jones yn sychu'r ager oddi ar y ffenestr yn wyllt ac yn rhythu allan.

'Hei-ho, heidi-ho,' dechreuodd Pogo ganu yn ei lais cryg, gan siglo o ochr i ochr.

Agorwyd drws y ciosg wedi i'r genethod ddeall pwy oedd yno, a rhedodd y ddau i ffwrdd i sŵn rhibidirês o fygythiadau cegog.

Cyrhaeddodd y ddau ffordd gefn Tan-y-graig, gan ddal i chwerthin. Âi'r ffordd hon â hwy'n nes at Stad Cae Glas lle'r oedd Gerwyn yn byw. Stad newydd oedd Cae Glas, stad y tai crand. Er ei fod yn ffrindiau da efo Gerwyn, teimlai Cuthbert Caradog yn genfigennus ohono weithiau. Pa gêm gyfrifiadur newydd bynnag ddeuai i'r siopau, byddai Gerwyn yn siŵr o'i chael. Os oedd beic mynydd gwell na rhai'r llynedd ar y farchnad, fe werthai Gerwyn ei feic a châi feic newydd. Roedd ei ystafell fel ogof Aladin i'r bechgyn, a'r trysor pennaf yno oedd ei gyfrifiadur drud. Ond doedd ganddo ddim gitâr. Ddim hyd yn oed hen un. A chwarae teg iddo, doedd o byth yn brolio. Roedd o hefyd yn beniog, ac roedd hynny'n fantais fawr ar brydiau. Fel heno, er enghraifft.

O'r diwedd roedd Cuthbert Caradog a Pogo yn sefyll o flaen drws ffrynt Llys-y-gwynt, cartref Gerwyn.

'Does 'na neb adra, 'sdi,' meddai Pogo, gan edrych i bob cyfeiriad am smicyn o olau yn y tŷ mawr.

'Damia,' meddai Cuthbert Caradog. 'Tyrd rownd i'r cefn.'

Roedd llofft Gerwyn yng nghefn y tŷ. Syllodd y

ddau i fyny. Roedd hi'n anodd dweud a oedd golau y tu ôl i'r llenni trwchus ai peidio.

'Mae wedi wêch ac yn domi-nô arnon ni os nad ydy Gerwyn adra,' meddai Cuthbert Caradog, gan symud yn y tywyllwch at y drws cefn.

'Y?'

'Dyna be fydd Taid Nefyn yn ddweud os ydy petha'n mynd o chwith. Mi fydd Sinach Goch yn ein lladd ni os na fyddwn ni'n rhoi'r gwaith cartra iddi.'

Dychmygodd Mrs Beaty, ei athrawes Saesneg, gyda'i hwyneb llwyd a'i gwallt coch hir, yn bytheirio uwch ei ben. Crynodd. Roedd hi'n peri iddo fynd yn groen gŵydd drosto ar y gorau. Roedd hi'n cerdded fel pe bai ei breichiau a'i choesau a'i gwddw yn rhydd ac roedd ganddi ffordd annifyr o fesmereiddio rhywun efo'i llygaid melynfrown, a'i phen yn symud 'nôl a blaen fel pen neidr cyn iddi frathu. Roedd si ymhlith y plant fod ei hen-daid hi'n fampîr.

'Ha!' clywodd Pogo yn rhoi bloedd o fuddugoliaeth. Roedd o wedi bod yn lluchio graean at ffenestr Gerwyn ac wedi gweld strimyn o olau melyn am eiliad wrth i Gerwyn symud y llenni. Cyn bo hir roedd y tŷ tywyll fel goleudy, a Gerwyn yn ymddangos yn nrws y cefn yn nhraed ei sanau.

'Curo'r drws mae pawb arall,' meddai Gerwyn, a gwên gam ar ei wyneb. 'Dowch i mewn. Does 'na neb adra ond y fi.'

'Meddwl basat ti'n hoffi dod rownd y dre am dro,'

meddai Cuthbert Caradog yn ysgafn. 'Dydy hi ddim yn noson rhy ddrwg.'

'Wyt ti wedi gwneud dy waith cartra Saesneg?' gofynnodd Pogo, bron cyn iddo gamu i mewn i'r tŷ.

Ochneidiodd Cuthbert Caradog yn ddistaw dan ei ddannedd. Doedd gan Pogo ddim math o synnwyr cyffredin.

'Do,' meddai Gerwyn.

'Be oeddan ni i fod i'w wneud?' holodd Pogo, fel bwled o wn.

Dilynodd Cuthbert Caradog sodlau gwynion Gerwyn i fyny'r grisiau, gan wrando'n astud arno'n egluro. Teimlai fod Gerwyn yn well na Sinach Goch am egluro. Siaradai honno'n rhy gyflym, a byddai ei geiriau yn llifo heibio'i glustiau ac yntau'n gwneud dim ond gwylio'r stumiau a wnâi â'i hwyneb. Siaradai Gerwyn yn bwyllog, braf, ac roedd popeth a ddywedai yn swnio'n ddoeth.

Ar ôl gorffen trafod y gwaith cartref eisteddodd y tri ar wely Gerwyn yn sgwrsio. Crwydrodd y sgwrs at y llun a wnaethai Cuthbert Caradog o Cledwyn Siôn yn y wers Hanes, a dechreuodd y tri chwerthin yn afreolus. Yna, sobrodd Cuthbert Caradog wrth ddweud wrth Gerwyn hanes colli'r ymarfer grŵp pop oherwydd Her Fflic.

'Mae gan Miss Humphreys ddêt hefo Her Fflic heno,' meddai Pogo'n sydyn ar draws pob dim.

Trodd Cuthbert Caradog i'w wynebu, a gwneud llygaid main arno.

'Sut gwyddost ti?' gofynnodd Gerwyn.

'Ha!' meddai Pogo, gan daro blaen ei drwyn efo'i fys.

'Iew!' gwaeddodd Cuthbert Caradog, gan lithro oddi ar y gwely a dangos diddordeb anghyffredin mewn creadigaeth wedi ei wneud o 'Lego Technic' ar gwpwrdd gerllaw. 'Pryd wnest ti hwn?'

'Mi roedd o yma tro dwytha ddaethoch chi yma,' meddai Gerwyn yn hamddenol. 'A'r tro cynt hefyd. Awn ni rownd y dre, 'ta?'

Wedi i Gerwyn ysgrifennu nodyn brysiog i'w rieni, aeth y tri allan, gan ddilyn eu trwynau o gwmpas y dre. Toc, meddai Pogo, 'Awn ni i nôl Dylan Tships.'

Weithiau, pan fyddai'r hogiau eisiau bwyd byddent yn mynd i lawr Stryd y Cei i'r Badell Ffrio i weld Dylan, a byddai yntau'n siŵr o sleifio tri bag o sglodion iddynt heb i'w dad wybod. Os na fyddai'n rhy brysur yn y siop byddai Dylan yn mynd o amgylch y dref efo nhw.

'Tships gefais i i de,' meddai Cuthbert Caradog.

'Does arna i ddim awydd bwyd heno chwaith,' meddai Gerwyn.

'Dim ond wy wedi'i ffrio ar dost gefais i,' meddai Pogo. 'Roedd Mam wedi mynd i weld Linda, a Sharon yn gwneud y te.'

Chwaer hynaf Pogo oedd Linda. Roedd hi'n briod a dau o blant bach ganddi. Newydd adael yr ysgol oedd Sharon, ac yn gweithio yn siop trin gwallt 'Snip a Clip' yn y dre. Doedd hi ddim yn un dda iawn am wneud bwyd.

'O, ocê, 'ta,' mwmiodd Cuthbert Caradog. 'Mi awn ni i nôl Dylan Tships.'

Am mai nos Lun oedd hi roedd hi'n dawel yn y Badell Ffrio. Daeth Dylan allan efo'r hogiau a chafodd Pogo lond bag anferth o sglodion, yn diferu o finegr ac yn llawn halen. Bwytodd nhw fel pe bai ar lwgu.

'Gesia be,' meddai Pogo wrth Dylan, a tshipsen hir yn stemio rhwng ei fys a bawd. 'Mae gan Miss Humphreys ddêt hefo Her Fflic heno.'

'Hei! Welist ti honna?' torrodd Cuthbert Caradog ar ei draws, gan bwyntio'n wyllt at ffenestr llofft rhyw dŷ.

'Be?' meddai'r lleill ar draws ei gilydd.

'Rhyw ddynas yn sefyll yn y ffenast yn noethlymun.'

'Ti isio sbectol,' meddai Dylan. 'Does 'na neb yn byw yn y tŷ yna.'

'Ysbryd oedd o, mae'n rhaid,' meddai Cuthbert Caradog yn slic.

'Sut beth ydy ysbryd noethlymun?' gofynnodd Pogo.

'Pwy ddeudodd wrthat ti?' holodd Dylan.

'Y?' meddai Pogo.

'Am Miss Humphreys a Her Fflic.'

Fesul tipyn, daeth hanes y llythyr fel mymbo-jymbo allan o geg orlawn Pogo. Ciciodd Cuthbert Caradog garreg fach â'i holl egni gan wneud iddi sboncio ar draws y lôn. Roedd Pogo mor ddibynadwy â cheiliog gwynt.

'Peidiwch â dweud wrth neb,' meddai Cuthbert Caradog yn ddifrifol.

'Ddeuda i ddim wrth neb,' meddai Gerwyn, a gwyddai Cuthbert Caradog na wnâi o chwaith.

'Na finna,' addawodd Dylan.

'Na finna,' meddai Pogo, fel adlais.

Yn sydyn, stopiodd Dylan Tships yn stond. 'Mi wn i be,' meddai, a'i wyneb llawn yn goleuo. 'Be am i ni fynd i wylio tŷ Her Fflic?'

'Sbeio arnyn nhw wyt ti'n feddwl?' meddai Cuthbert Caradog, gan wneud i'w lais swnio'n llawn sioc.

'Ia.'

'Ia,' meddai Pogo, gan stwffio'r tshipsen olaf i'w geg a llyfu ei wefusau seimllyd.

Edrychodd Cuthbert Caradog ar Pogo gan grychu ei drwyn. Doedd o erioed yn ei fywyd wedi gweld neb yn bwyta tships chwilboeth mor gyflym. Roedd Pogo'n anwaraidd. Roedd o hefyd cystal am gadw cyfrinach â sach heb waelod. Ond dyna fo, mi fyddai hi *yn* sbort sbeio ar yr hen sinach Her Fflic yna. Edrychodd ar ei wats.

'Hei! Mae'n chwarter i wyth yn barod!' meddai, gan gychwyn rhedeg.

Mewn dim roedd y pedwar yn carlamu'n swnllyd i lawr y stryd fel pe bai eu bywydau'n dibynnu ar gyrraedd Stad Rhos Gain cyn wyth o'r gloch.

Pennod 5

Cyrhaeddodd y pedwar Stad Rhos Gain yn chwythu fel dreigiau.

'Mae gen i . . . bigyn . . . yn f'ochr,' cwynodd Dylan Tships, ei fochau'n chwilboeth goch a'i gudynnau gwallt yn wlyb o chwys ac yn glynu i'w dalcen ar ôl ei ymdrech i gadw i fyny efo'r tri arall.

'Mae 'na olau yng nghegin Her Fflic,' sylwodd Cuthbert Caradog. 'Mae'n rhaid ei fod o wedi cyrraedd adra ers sbel. Mae o wedi cadw'i gar yn y garej, beth bynnag.'

'Ella'i fod o wrthi'n paratoi pryd o fwyd ecsotig iddi hi,' awgrymodd Gerwyn.

'Rwbath efo nionod,' meddai Pogo, gan ffroeni'r awyr yn swnllyd.

'O dŷ Tracey Lewis mae'r ogla nionod yn dod,' meddai Cuthbert Caradog. 'Maen nhw'n ffrio nionod efo popeth. Maen nhw hyd yn oed yn cael nionod ar dost i frecwast.'

Gwnaeth Pogo sŵn a gychwynnodd fel sŵn garglio ac a drodd yn sŵn-cychwyn-moto-beic.

'Mae Tracey Lewis yn drewi o ogla nionod weithia,' meddai Cuthbert Caradog.

' 'Run fath â mae Dylan yn dr . . . Aw!'

'Sori, boi,' meddai Gerwyn, ar ôl plannu sawdl yn fwriadol ar flaen troed Pogo. 'Mae gen i draed go fawr.' Byddai ffrae rhwng Dylan a Pogo'n difetha hwyl y noson.

'Hei! Be am i ni chwilio am le i guddio er mwyn gwylio Miss Humphreys yn cyrraedd?' meddai Cuthbert Caradog, gan edrych o'i gwmpas yn wyllt. 'Mae hi bron yn wyth o'r gloch.'

Glaniodd pedwar pâr o lygaid yr un pryd ar wrych gardd y tŷ dros y ffordd i dŷ Her Fflic.

'Mi fydd yn rhaid i ni fod yn andros o ddistaw,' rhybuddiodd Cuthbert Caradog. 'Mae gan y ddynes sy'n byw yn y tŷ yma hen bwdl bach du, annifyr, ac unwaith mae o'n dechrau cyfarth does dim taw arno fo am ddyddia. Mi agora i'r giât. Dwi'n gwybod sut i'w hagor hi heb iddi wichian. Pan oeddwn i'n gwneud y rownd bapur, roedd y ci yn cyfarth y munud roedd o'n clywed y giât yn gwichian, ac roedd hynny'n mynd ar fy nerfa i. Gwyliwch hyn.'

Cododd Cuthbert Caradog y giât ar ei hechel a'i hagor yn ara deg nes ei bod hi'n llydan agored.

'Bril!' meddai Pogo yn uchel.

'Sh!' meddai Cuthbert Caradog, gan fynd i mewn i'r ardd a swatio yn ei gwman yng nghysgod y gwrych, a'r tri arall yn gwneud yr un peth.

'Wela i affliw o ddim drwy hwn,' cwynodd Dylan Tships, gan wthio'i ddwylo i'r gwrych i geisio gwahanu'r brigau.

'Ar eich penna glinia,' meddai Cuthbert Caradog. 'Mae 'na fylcha yn nhop y wal fach 'ma wrth fôn y gwrych.'

Roedd y ddaear yn sych, gan nad oedd hi wedi bwrw ers dyddiau, ond roedd y glaswellt braidd yn wlyb ar y noson laith o hydref.

'Ew, mae gen i olygfa dda rŵan,' meddai Gerwyn.

'A fi,' meddai Pogo. 'Rydw i'n gallu gweld y tŷ i gyd.'

'Dim ond y giât a'r dreif wela i,' meddai Dylan Tships. Sythodd, a gorwedd ar ei fol. 'Dyna welliant,' meddai.

Trodd Cuthbert Caradog ar ôl clywed sŵn clecian distaw y tu ôl iddo. Roedd 'kickers' seis-naw Dylan wedi glanio yng nghanol gwely o flodau.

'O, na! Rwyt ti wedi difetha crysanthemyms Mrs Perkins,' chwyrnodd yn ddistaw.

'Be?' meddai Dylan yn ddwl, gan droi ar ei ochr, ac wrth iddo symud ei goes daeth dwy neu dair clec arall o gyfeiriad y crysanthemyms.

'Mae Mrs Perkins yn meddwl y byd o'r bloda 'na,' meddai Cuthbert Caradog. 'Mae'n brolio bob blwyddyn eu bod nhw'n para tan y Dolig.'

'Ha! Wnân nhw ddim y tro 'ma,' chwarddodd Pogo'n ddistaw.

'Tishŵ!' meddai Dylan Tships dros bob man.

'Taw!' hisiodd Cuthbert Caradog, yn mynd yn chwys oer drosto rhag ofn i'r drws ffrynt agor.

'Does gen i mo'r help,' meddai Dylan. 'Dwi'n alyrjic i floda.'

Ond ni ddaeth symudiad o gyfeiriad y tŷ, na sŵn cyfarth, chwaith. Rhaid bod Mrs Perkins a'i chi yn gwylio'r teledu, meddyliodd Cuthbert Caradog.

Yn sydyn, clywsant sŵn car yn troi i mewn i'r stad a gwelsant olau lampau yn disgleirio drwy'r gwrych.

'Dyma hi,' sibrydodd Gerwyn. Gwelsant Astra gwyn yn arafu ac yn aros y tu allan i dŷ Her Fflic. Daeth Miss Humphreys allan ohono a cherdded yn fân ac yn fuan at y drws ffrynt.

'Whid-whiw!' sibrydodd Pogo.

'Sh!' meddai Cuthbert Caradog.

Clywsant Miss Humphreys yn curo'r drws ffrynt, a thoc gwelsant olau yn y cyntedd. Ymddangosodd Her Fflic yn y drws. Mewn chwinc roedd y ddau wedi diflannu i'r tŷ gan siarad yn uchel.

Daeth golau'r ystafell ffrynt ymlaen, a chafodd y bechgyn gip ar Her Fflic yn cau'r llenni.

'Mae'n siŵr ei fod o wedi gosod bwrdd rhamantus i'r ddau ohonyn nhw,' meddai Dylan.

'Hefo rhosyn a channwyll,' ychwanegodd Gerwyn.

'A chwrw,' ebe Pogo.

'Gwin fasa unrhyw un call yn ei roi,' meddai Cuthbert Caradog yn flin. 'Ond dydy Her Fflipin Fflic ddim yn gall. Dydy Miss Humphreys ddim yn gall iawn chwaith os ydy hi'n poitsio hefo fo. Mae'n gas gen i'r mwnci.'

'Beth bynnag,' meddai Dylan Tships, gan droi ar

ei benelin a thorri crysanthemym arall, 'mae 'nghoesa i'n teimlo braidd yn wlyb. Dydw i ddim isio cricmala.'

Roedd o ar fin codi pan roddodd Pogo ebwch fawr. 'Ylwch!' meddai. 'Mae 'na ola yn un o'r llofftydd.'

Trodd Dylan Tships yn fflat fel crempog ar ei fol a rhythu drwy'r twll. Syllodd y pedwar yn gegagored ar y ffenestr. Cawsant gip ar gysgod Her Fflic ar y llenni, ac yna cysgod Miss Humphreys. Roedd gwddw Pogo hanner ffordd drwy'r gwrych erbyn hyn.

'Mae hi wedi mynd i'w lofft o,' meddai Dylan Tships mewn llais rhyfedd.

'Yn y cefn mae ei lofft o,' meddai Cuthbert Caradog. 'Mi ddeudodd o wrth Mam fod 'na "olygfa bert" o'r mynyddoedd o'r cefn.'

'I be mae neb isio golygfa dda o ffenast ei lofft?' gofynnodd Pogo.

'Mae'n siŵr fod Her Fflic yn gallu gweld yn ei gwsg drwy'r ffenast,' mwmiodd Cuthbert Caradog.

Gwelsant gysgodion yn symud ar draws y llenni, a breichiau'n ymestyn neu'n chwifio mewn patrwm rhyfedd.

'Dawnsio maen nhw,' meddai Dylan.

'Dawnsio gwerin!' chwarddodd Gerwyn yn ddistaw.

Yn sydyn, diffoddwyd y golau. Rhythodd y pedwar yn hollol fud am ychydig. Yna, daeth golau'r llofft ffrynt arall ymlaen, ac unwaith eto gwelsant gysgodion Her Fflic a Miss Humphreys yn erbyn y llenni, a breichiau Miss Humphreys yn symud uwch ei phen fel pe bai'n dawnsio balé.

'Rhyfedd,' meddai Pogo yn araf, a'i geg fel ceg pysgodyn.

Toc, daeth mwy o olau i lawr y grisiau, ac roedd y llofftydd mewn tywyllwch eto. Syllodd y pedwar am sbel, ond doedd dim byd newydd yn digwydd.

'Mi wn i be oeddan nhw'n wneud gynna',' cynigiodd Dylan. 'Ymarfer camau rhyw ddawns neu'i gilydd.'

'Pam symud o un llofft i'r llall?' gofynnodd Cuthbert Caradog. 'Yn y llofft fach ffrynt mae o'n cadw'i allweddellau ac ati. Rydw i wedi'i glywed o'n chwarae yn ystod gwyliau'r haf pan oedd ei ffenast o ar agor.'

'Hwyrach nad oedd 'na ddigon o le iddyn nhw ddawnsio yn y llofft fach,' meddai Gerwyn.

Agorodd Dylan ei geg yn fawr. 'Mae hyn yn ddiflas,' cwynodd, gan fustachu ar ei draed. 'Mae 'nghoesa i'n teimlo'n wlyb ac annifyr. A . . . A . . . ATISHŴ!'

'Taw!' arthiodd Cuthbert Caradog.

Ond roedd yn rhy hwyr. Daeth sŵn cyfarth o berfeddion y tŷ. Eisteddodd y pedwar yn eu cwman, fel pedwar llyffant yn barod i neidio, gan syllu ar ddrws y tŷ a dal eu gwynt. Daeth golau'r cyntedd ymlaen.

'Rhedwch!' sibrydodd Gerwyn. Bustachodd y pedwar ar draws ei gilydd at y giât. Anelodd Pogo at y guddfan agosaf, sef car Miss Humphreys yr ochr arall i'r ffordd. Dilynodd y lleill ef fel defaid. Swatiodd Pogo a Cuthbert Caradog y tu ôl i'r olwynion blaen, a Dylan a Gerwyn y tu ôl i'r olwynion ôl. Clywsant Mrs Perkins yn agor y drws, ac ymhen dim roedd cyfarthiadau miniog y pwdl yn atseinio dros y stad, fel seiren loerig. Dechreuodd Cuthbert Caradog weddïo fod Mrs Perkins yn cario'r pwdl yn ei breichiau, fel y gwnâi'n aml wrth ateb y drws, ond suddodd ei galon pan glywodd sŵn ffroenochi a chwyrnu yn dynesu at y car.

'Mia . . . w . . . w . . .w,' meddai Cuthbert Caradog mewn llais main uchel, ond gwnaeth hynny i'r pwdl gyfarth yn fwy gwallgo na chynt, ac anelu'n syth at lle'r oeddent yn cuddio. Am foment, safodd yn stond a distaw, fel pe bai wedi'i synnu wrth weld y bechgyn. Tynnodd Pogo lwmp mawr o gwm cnoi pinc o'i geg a'i luchio ar lawr wrth ochr y ci. Sniffiodd y pwdl y gwm cnoi.

'Bwyta fo, a gobeithio y gwnei di dagu,' mwmiodd Pogo.

Roedd hyn yn ormod i Dylan Tships. Dechreuodd chwerthin yn afreolus a disgynnodd wysg ei ochr ar y palmant. Dechreuodd y pwdl brancio o'u cwmpas gan gyfarth nerth esgyrn ei ben. Yna'n sydyn, agorodd drws tŷ Her Fflic a daeth Miss Humphreys allan, a Her Fflic yn ei dilyn. Neidiodd y bechgyn ar eu traed.

'Beth sy'n mynd ymlaen yn fan hyn?' gofynnodd Her Fflic, gan ddilyn Miss Humphreys i lawr llwybr yr ardd.

Cyn iddynt gael cyfle i ateb, clywsant lais Mrs

Perkins o gyfeiriad y giât, uwchben cyfarthiadau'r ci. Swniai'n biwis.

'Ydach chi hogia wedi bod yn fy ngardd i? Roeddwn i wedi cau'r giât. Mae hi'n llydan agored rŵan.'

Edrychodd y pedwar yn llywaeth ar Her Fflic a Mrs Perkins bob yn ail. Roeddynt wedi eu cornelu. Gerwyn, yn ôl yr arfer, geisiodd achub eu crwyn.

'Ym . . . chwarae cuddio oeddan ni, dyna i gyd,' meddai'n syml.

'Does gyda chi ddim hawl i dresmasu yng ngerddi pobl eraill,' meddai Her Fflic yn sych. 'Nac i chwarae o gwmpas ceir pobl chwaith — mi allech grafu'r paent . . . neu . . . neu symud y drych ochr neu rywbeth.'

'Mae'n ddrwg gynnon ni,' meddai Gerwyn mor sobr â sant. 'Wnawn ni ddim eto.'

Clywsant Mrs Perkins yn mwmian rhywbeth dan ei gwynt, ac yna'n galw ar ei chi a oedd bellach wedi colli pob diddordeb ynddyn nhw ac yn dilyn ei drwyn ar hyd y palmant. Rhyfeddai Cuthbert Caradog at allu Gerwyn i dawelu'r dyfroedd. Tra oedd Her Fflic wrthi'n ffarwelio â Miss Humphreys dechreuodd bellhau'n araf deg oddi wrth y car. Gwelodd y tri arall yn llusgo'n anghysurus yr olwg allan o'r stad.

Fel roedd o'n dechrau cyflymu ei gamau i gyfeiriad ei dŷ, clywodd Cuthbert Caradog lais Her Fflic yn galw arno.

'Cuthbŷt!'

Teimlodd ias anghynnes yn mynd i lawr asgwrn ei gefn. Roedd o'n mynd i ddweud wrtho unwaith ac am byth am beidio ag ynganu ei enw fel yna. Trodd, a rhythu'n gas arno.

'Tyrd i 'ngweld i'n syth ar ôl cofrestru bore fory,' meddai Her Fflic.

Aeth y gwynt o'i hwyliau. Rhaid mai ynglŷn â Sel yn ei ddal yn gwrando wrth ddrws yr Ystafell Gerdd oedd hyn.

'Iawn,' meddai gan hanner ochneidio, a brysiodd am adra. Wrth roi'r agoriad yn y drws cipedrychodd dros ei ysgwydd. Roedd Her Fflic yn siarad efo Mrs Perkins wrth giât ei gardd. Gwyddai'n iawn beth oedd testun eu sgwrs — y crysanthemyms.

'Chdi sy 'na, Cuthbert?'

Daeth llais ei dad i'w gyfarfod yn y cyntedd. Pwy oedd o'n ddisgwyl? Siôn Corn?

'Ia, Dad.'

'Rwyt ti'n hwyr. Mae hi bron yn naw o'r gloch. Be am y gwaith cartre 'na?'

Pigo, pigo, pigo. Dim dweud 'helô' na dim. Gwnaeth ymdrech i beidio â gwylltio.

'Fydda i fawr o dro yn ei wneud o. Rydw i'n gwybod yn iawn be i'w wneud rŵan,' meddai, a diflannodd i'r ystafell ffrynt.

Ond cymerodd y gwaith cartref fwy o amser i'w wneud nag a feddyliodd. Rywsut, nid oedd mor hawdd a syml ag y gwnaeth Gerwyn iddo ymddangos yn gynharach. Bu'n rhaid iddo ailddechrau tua hanner dwsin o weithiau, ac nid oedd ganddo'r amynedd na'r egni i frysio i orffen. Roedd wedi cynnau'r tân trydan yn yr ystafell ffrynt, ac roedd o'n dechrau mynd yn gynnes a swrth. Syllodd ar y fflamau smal yn troelli'n felyngoch yn yr un patrwm dro ar ôl tro. Aeth ei lygaid yn flinedig a phwysodd ei ben ar ei fraich. Pam oedd rhaid cael gwaith cartref o hyd? Pam oedd rhaid cael athrawes Saesneg oedd yn edrych fel neidr ac athro Cerdd oedd yn methu dweud enw rhywun yn iawn? Pam oedd tadau'n gallu bod mor flin weithiau? Aeth ei ymennydd yn niwlog braf, ac ymhen dim roedd wedi llithro i gwsg trwm.

Breuddwydiodd ei fod yn rhedeg trwy gae yn llawn o grysanthemyms, a nadroedd yn dod ar ei ôl gan hisian 'Cuthbŷt, Cuthbŷt' arno. Roedd un neidr bron â'i frathu yn ei goes, a waldiodd hi efo'i gitâr. Torrodd ei gitâr yn ddarnau mân, a dechreuodd y neidr lyncu'r darnau.

'Fy ngitâr bach i!' gwaeddodd gan grio. Deffrôdd, a'i galon yn pwmpio'n uchel a dagrau yng nghorneli'i lygaid.

Agorodd drws yr ystafell a daeth ei fam i mewn yn cario hambwrdd ac arno frechdanau cig a mygaid o ddiod siocled.

'Wyt ti'n iawn?' gofynnodd, gan edrych yn graff arno.

'Y . . . ydw,' mwmiodd. Syllodd yn hurt ar ei waith cartref Saesneg. Doedd o ddim ond wedi hanner ei wneud.

'Mae'n hanner awr wedi deg, Cuthbert bach,' meddai ei fam mewn llais tosturiol. 'Dwyt ti byth wedi gorffen?'

'Bron iawn,' atebodd, gan guddio'i lyfr Saesneg efo'i fraich. Estynnodd am y brechdanau a'r ddiod yn eiddgar. Cymerodd gegaid fawr o frechdan, a chnoi'n fecanyddol, gan syllu ar y tân trydan.

'Mam,' meddai'n araf. 'Pam wnaethoch chi fy ngalw i'n Cuthbert Caradog?'

Eisteddodd ei fam ar fraich y gadair esmwyth agosaf. Roedd tôn ddifrifol ei mab wedi mynd â'i gwynt.

'Rwyt ti'n gwybod pam,' meddai'n bwyllog. 'Ar ôl dy daid Llandudno a dy daid Nefyn. Does dim o'i le ar dy enw di. Dydy o'n swnio ddim gwaeth na Gwion Pyrs neu Elgan Cedifor. Mae o'n swnio'n well, a dweud y gwir. Mae'n haws i'w ddweud o lawer.'

'Elgan Cedifor,' meddai Cuthbert Caradog, gan droi ei dafod a'i wefusau bob sut wrth ddweud enw'r bachgen tal, gwallt coch, o Flwyddyn Saith a oedd yn byw yn y stad nesaf. Gwenodd. Oedd, roedd ei enw o *yn* swnio'n gallach o'r hanner.

Disgwyliodd Gwyneth Jones yn amyneddgar. Gobeithio nad oedd ei mab ddim am gael pwl o gasáu ei enw fel y gwnaeth o yn yr ysgol gynradd.

'Oes 'na rywun wedi bod yn gwneud sbort am ben dy enw di?' holodd toc.

'Nac oes,' meddai'n ysgafn. 'Rydw i am orffen y gwaith cartref rŵan.'

Ysgydwodd ei fam ei phen, a mynd â'r llestri gwag oddi yno. 'Paid â bod yn hir,' sibrydodd. 'Mi fydd Dad yn flin os byddi di'n methu codi fory.'

Wedi ei atgyfnerthu gan y brechdanau a'r ddiod

dechreuodd Cuthbert Caradog ysgrifennu fel fflamia. Ymhen deng munud roedd wedi gorffen ei waith cartref.

Aeth i'w wely wedi gwneud penderfyniad. Bore drannoeth, pan fyddai'n gorfod mynd i weld Her Fflic, fe ddywedai wrtho sut i ddweud ei enw yn iawn. Dychmygodd ei hun yn cicio drws yr Ystafell Gerdd yn agored, ac yn sgwario i mewn i ganol distawrwydd llethol y dosbarth a phob llygaid arno. Gwelai Her Fflic yn swatio'n ofnus y tu ôl i'r metronom ar ei ddesg. Clywai ei hun yn dweud, 'Jones ydi'r enw. Cuthbert Caradog Jones'.

Pennod 6

Ond nid felly y bu. Pan aeth Cuthbert Caradog i'r Ystafell Gerdd ar ôl cofrestru chafodd o ddim cyfle i roi ei big i mewn, hyd yn oed, gan fod Her Fflic wedi dechrau arni'n syth i'w ffraeo am wrando y tu allan i'r drws. Brasgamai o gwpwrdd i fwrdd, ac o fwrdd i silff, gan fytheirio heb aros i lyncu'i boer bron iawn. Hanner dilynodd Cuthbert Caradog ef yn araf o gwmpas yr ystafell.

Toc, dechreuodd sylwi ar siâp ceg Her Fflic yn newid bob sut wrth iddo siarad, ac ar ei lygaid marblis yn gwibio'n wyllt yn ei ben. Ymhen dim, roedd wedi colli diddordeb yn yr hyn a ddywedai, ac wedi ymgolli'n llwyr wrth wylio'i ystumiau. Erbyn hyn roedd o wedi dechrau fflicio'i wallt yn ôl hefyd, a gwnâi hyn i Cuthbert Caradog deimlo awydd chwerthin. Ond sobrodd yn sydyn pan lwyddodd i'w glywed yn gorffen dweud rhywbeth am 'ddod yma i'r Ystafell Gerdd erbyn un'.

Am ddechrau da i'r diwrnod, ochneidiodd wrtho'i hun, gan fynd allan o'r ystafell yn teimlo'n ddiflas dros ben.

I wneud pethau'n waeth, yn ystod yr egwyl

clywodd griw o Flwyddyn Deuddeg yn brolio grŵp pop Emyr Gwyn, ac yn dweud fod Sam Jones yn cael hwyl dda ar y gitâr. Gwnaeth hyn i'w waed ferwi. Ysgyrnygodd ei ddannedd a bytheirio pob math o ddymuniadau annymunol ar Her Fflic. Oni bai amdano fo yn ei gadw i mewn, y fo ac nid Sam Jones fuasai testun edmygedd hogiau Blwyddyn Deuddeg. Doedd bywyd ddim yn deg!

I goroni'r cyfan, pan ddaeth adref o'r ysgol cafodd lond ceg gan ei dad am hudo'i ffrindiau i gadw reiat yng ngardd Mrs Perkins a thorri ei chrysanthemyms gorau hi. Bu'n rhaid iddo fynd i gynnig gwneud job iddi fel cosb, a gofynnodd hithau iddo ysgubo'r dail oddi ar y llwybrau a chasglu afalau oddi ar y goeden yn yr ardd gefn, eu lapio mewn papur newydd a'u cadw mewn bocs yn y sièd. Ni chafodd fynd allan gyda'r hogiau y noson honno, ac aeth i'w wely'n gynnar a'r dillad dros ei ben, wedi suro gyda phawb a phopeth.

Treiglodd gweddill yr wythnos heibio yn weddol ddiddigwydd a braidd yn ddiflas, ar wahân i un fflach o heulwen, sef bod Her Fflic ar gwrs ddydd Mercher, a chafodd wers rydd yn lle Cerdd. Gan nad oedd ganddo wers gydag o am y deuddydd nesaf beth bynnag, roedd wedi dod ato'i hun yn bur dda erbyn diwedd yr wythnos. Gwnaeth yn siŵr nad oedd yn dod ar ei draws fin nos ar y stad hefyd trwy gadw gwyliadwriaeth ar ei symudiadau o du ôl i lenni'r ystafell ffrynt. Cymerai arno mai sbei oedd o, a phob tro yr âi allan i gyfarfod yr hogiau codai goler ei got a chau'r sip i fyny at ei drwyn. Drwy godi ei ysgwyddau'n ara deg gallai ddiflannu i mewn i'w got fel nad oedd dim ond ei lygaid yn y golwg, a'i gudynnau gwallt yn bargodi dros ei goler fel to gwellt.

Ar ôl cinio ddydd Sadwrn, pan oedd ei fam wrthi'n golchi'r llestri a'i dad wrthi'n peintio'r drws cefn, aeth Cuthbert Caradog i'w lofft i chwarae'r gitâr. Nid oedd wedi bod wrthi dim ond am ryw chwarter awr pan glywodd sŵn beic modur yn rhuo i fyny at y giât. Lluchiodd ei gitâr ar y gwely a sbecian heibio'r llenni.

'Martin!' gwaeddodd. Carlamodd i lawr y grisiau ac allan drwy'r drws ffrynt. Roedd ei gefnder wrthi'n brasgamu i fyny llwybr yr ardd, a'i helmed o dan ei fraich.

'S'mai,' meddai Martin, gan gnoi fel dafad. 'Be wyt ti'n wneud adra ar bnawn Sadwrn braf?'

'Mae Gerwyn a Dylan wedi mynd i'r Bowlio Deg yn Llanelwen. Doedd gen i ddim pres. Mae Pogo wedi mynd efo'i fam i chwilio am sgidia.'

'Pogo?' Rhoddodd Martin bwff o chwerthin. 'Am enw!'

'Nid dyna'i enw iawn, siŵr.' Crychodd Cuthbert Caradog ei dalcen. Am eiliad, ni fedrai yn ei fyw gofio beth oedd ei enw iawn. Pogo oedd Pogo i bawb. Yna, cofiodd.

'Merfyn Owen ydy'i enw fo. Ga i drio dy helmed newydd di?'

'Cei. Lle mae dy dad?'

'Cefn. Peintio'r drws.'

Aeth Martin heibio iddo gan adael chwiff o arogl lledr ar ei ôl, ei esgidiau uchel duon yn tasgu graean y llwybr i bob cyfeiriad, a'i wallt cyrliog golau yn siglo o ochr i ochr ar ei ysgwyddau wrth iddo'i sgwario hi rownd talcen y tŷ.

Cychwynnodd Cuthbert Caradog ar ei ôl, ei ben yn teimlo'n drwm dan bwysau'r helmed. Yna, trodd ar ei sawdl rhag ofn i'w dad ofyn iddo fo beintio tra oedd o'n cael sgwrs efo Martin, ac aeth i eistedd ar y Suzuki sgleiniog du a oedd y tu allan i'r giât ffrynt. Gafaelodd yn yr handlenni a phlygu'i ben ymlaen gan wneud sŵn chwyrnu isel yn ei wddw. Bu'n cymowta o gwmpas y beic modur am tua ugain munud heb gymaint â chipedrych unwaith i gyfeiriad tŷ Her Fflic, ac yna daeth Martin i'r golwg a'i dad wrth ei sawdl.

'Cyth!' gwaeddodd Martin. 'Ydy'r hen helmed 'na rois i iti llynedd yn dal gen ti?'

'Ydy,' atebodd Cuthbert Caradog.

'Dos i'w nôl hi. 'Dan ni'n mynd am reid.'

Goleuodd llygaid Cuthbert Caradog. Tynnodd helmed ei gefnder a'i rhoi yn ôl iddo, a rhedodd i'r tŷ ac i fyny'r grisiau i nôl yr helmed o'r bocs cardfwrdd yng ngwaelod y wardrob. Wedi cyrraedd yn ôl, edrychodd Cuthbert braidd yn amheus ar ei dad. Doedd o ddim am feddwl am esgus dros wrthod iddo fynd? Sbiodd arno drwy gil ei lygaid wrth roi'r helmed am ei ben. Doedd o'n sicr ddim yn edrych yn gas. Roedd hanner gwên ar ei wyneb, hyd yn oed.

'Gafael yn dynn, Crad,' meddai wrtho.

'Iawn, Dad,' atebodd yntau. 'Crad' fyddai ei dad yn ei alw pan fyddai'n siarad yn annwyl ag ef, fel y gwnâi erstalwm pan oedd o'n fychan.

'Paid tithau â mynd yn rhy gyflym, Mart,' meddai wrth Martin.

'Paid â phoeni. Wna i ddim,' meddai Martin. Er bod ei dad yn ewythr i Martin, 'ti' fyddai Martin yn ddweud wrtho. Dim ond pymtheng mlynedd oedd rhyngddynt, ac roeddent yn fwy fel dau frawd nag ewythr a nai.

'Lle 'dan ni'n mynd?' gwaeddodd Cuthbert Caradog uwchben rhuo'r peiriant.

'I nôl rhagor o baent o Jones and Evans,' gwaeddodd Martin dros ei ysgwydd.

Roedd Cuthbert Caradog wrth ei fodd ar y beic modur. Aethant heibio i ddyrnaid o hogiau o Flwyddyn Saith yn siarad a loetran ar eu beiciau y tu allan i geg y stad. Cododd Cuthbert Caradog ei law arnynt yn fawreddog. Gwyddai wrth iddynt fynd heibio fod yr hogiau'n syllu'n edmygus ar eu hôl. Teimlai fel brenin.

Roedd Cuthbert Caradog wrth ei fodd wrth weld Emyr Gwyn a dau o'i ffrindiau yn cerdded heibio pan oeddynt yn sefyll mewn rhes yn disgwyl i'r goleuadau newid yn Stryd y Cei. Roedd yn ymwybodol fod un o'i ffrindiau wedi rhoi pwniad i Emyr Gwyn i dynnu ei sylw ato ef a'r beic modur. Edrychodd Cuthbert Caradog i lawr ei drwyn arnynt, heb drafferthu i'w cydnabod. Gobeithiai y byddai'r tri yn mygu mewn cwmwl o fwg wrth i'r beic modur ailgychwyn.

    Ar ôl parcio'r beic, cerddodd Cuthbert Caradog a Martin ling-di-long, a'u helmedau dan eu ceseiliau, i gyfeiriad siop baent Jones and Evans. Cafodd Cuthbert Caradog gyfle i sgwrsio â Martin, a chlywed mai'r rheswm pam roedd Martin wedi galw i weld ei dad oedd i ddweud fod angen gweithiwr rhan-amser yn y garej lle'r oedd o'n gweithio yn Llanelwen.

'Ydy o'n mynd i drio amdani?' holodd Cuthbert Caradog yn awyddus. 'Mi roeddwn i'n meddwl ei fod o mewn hwyliau gwell heddiw.'

'Ydy. Mae o'n siŵr o'i chael hi hefyd.' Winciodd Martin arno, fel pe bai'n gwybod rhyw gyfrinach fawr.

Yna, dechreuodd Cuthbert Caradog fwrw'i fol ynglŷn â'r ffraeo cyson rhyngddo ef a'i dad, a'r awyrgylch ddiflas gartref. Heb yn wybod iddo'i hun bron, roedd wedi byrlymu hanes yr ysgol wrtho hefyd, gan sôn am bopeth oedd wedi bod yn ei wylltio yn ddiweddar, yn arbennig Her Fflic.

Gwrandawodd Martin yn astud arno, gan syllu ar y palmant a'i ben i lawr, a throi'n sydyn bob hyn a hyn i'w wynebu, gan daflu ambell air, megis 'Wir?' neu 'Taw, diawl', neu 'Slei', a'i lygaid gleision yn pefrio.

'Paid â phoeni, 'rhen ddyn,' meddai wrtho, gan roi clewtan galonogol ar ei ysgwydd wrth iddynt fynd drwy ddrws y siop baent. 'Mi wellith petha. Mi fydd dy dad, o leia, fel fo'i hun eto ar ôl cael rhywbeth i'w wneud.'

Tra oedd dyn y siop wrthi'n cymysgu'r paent a Martin yn disgwyl wrth y cownter, crwydrodd Cuthbert Caradog yn ddiamcan o amgylch y siop. Stopiodd yn sydyn. Y tu ôl i stand yn llawn o duniau paent, a'i phen i lawr a'i chefn ato yn edrych drwy lyfr esiamplau o bapur wal, pwy welodd o ond Miss Humphreys. Ni wyddai beth i'w wneud, p'run ai dweud 'helô', ynteu bagio'n ddistaw oddi yno. Teimlodd ei hun yn cochi, er na wyddai'n iawn pam. Yna, sylwodd ar rywbeth a wnaeth iddo roi hanner cam yn nes. Roedd Miss Humphreys yn pwyso'i llaw chwith ar y bwrdd tra oedd hi wrthi'n troi tudalennau'r llyfr efo'i llaw dde. Ar y bys nesaf at ei bys bach roedd hi'n gwisgo clamp o fodrwy ddisglair. Roedd hi wedi dyweddïo! Teimlodd gymysgedd rhyfedd o banig a siom yn ei feddiannu. Roedd hi wedi dyweddïo â Her Fflic! Fedrai o ddim coelio'r peth!

Yna cyrhaeddodd Martin, yn cario'r tún paent.

'O, dyma ti, Cyth,' meddai. 'Tyrd, mae dy dad yn disgwyl am hwn.'

Wrth glywed Martin yn siarad trodd Miss Humphreys a gwenu, a dweud 'helô' wrth y ddau. Cyfarchodd Martin hi'n galonnog. Gwenodd Cuthbert Caradog yn llipa. Aeth y ddau allan o'r siop.

'Miss Humphreys oedd honna,' meddai Cuthbert Caradog. 'Mae'n dysgu Hanes i mi tra mae'r athro iawn yn sâl.'

'Mae hi'n dod i'r garej acw yn amal,' meddai Martin, gan aros am foment i boeri gwm cnoi i lawr draen wrth ochr y palmant. 'A Steffan.'

'Steffan?'

'Ei chariad hi. Maen nhw'n mynd i briodi.'

Teimlodd Cuthbert Caradog don ryfedd o ryddhad yn dod drosto.

'A finnau'n meddwl mai efo Her Fflic . . . O, dim ots rŵan.' Chwarddodd. Roedd o wedi amau na fuasai Miss Humphreys yn ddigon gwirion i briodi efo Her Fflic o bawb. Yna, diflannodd y wên oddi ar ei wyneb wrth gofio am y nodyn, am ymweliad Miss Humphreys â chartref Her Fflic, ac am y sgwrsio clòs fu rhyngddynt yn yr Ystafell Gerdd. Ond efallai mai fo oedd yn gwneud môr a mynydd o'r peth. Ffrindiau da oedden nhw, dyna i gyd.

Y dydd Mawrth canlynol, dechreuodd tad Cuthbert Caradog weithio yn y garej yn Llanelwen efo Martin.

Ar ôl pythefnos, fel roedd Martin wedi rhag-weld, doedd o ddim yr un dyn. Yn lle eistedd a'i ben yn ei blu yn gwylio'r teledu, roedd ganddo fwy o sgwrs, a chymerai fwy o ddiddordeb ym mhopeth. Dechreuodd Cuthbert Caradog fentro tynnu ei goes fel y byddai'n arfer gwneud, ac yn araf deg teimlodd fod pethau'n mynd yn ôl fel roedden nhw'n arfer bod gartref.

Roedd pethau wedi mynd yn iawn yn yr ysgol hefyd yn ddiweddar. Ceisiai Cuthbert Caradog gadw mor bell ag y medrai oddi wrth Her Fflic, gan ymdrechu i fod mor ddistaw ag oedd bosib yn ei wersi rhag rhoi esgus iddo hyd yn oed ddweud ei enw. Yna, un bore dydd Mercher, tua wythnos cyn yr hanner tymor, aeth pethau'n fflemp.

Rhwng y ddwy wers gyntaf oedd hi. Roedd Cuthbert Caradog a Pogo yn digwydd mynd heibio i'r Ystafell Gerdd ar eu ffordd i'r wers Saesneg, yng nghanol fflyd o blant eraill a oedd yn teithio i ddau wahanol gyfeiriad heibio i'r un man. Yn sydyn, ymddangosodd Her Fflic yn nrws yr Ystafell Gerdd gan edrych yn wyllt o'i gwmpas fel pe bai'n chwilio am rywun. Gwelodd Cuthbert Caradog.

'Cuthbŷt!' galwodd arno. 'Cer i moyn llyfrau Cerdd 7E o stafell yr athrawon, os gweli di'n dda. Maen nhw ar y ford wrth y drws.'

Buasai Cuthbert Caradog yn falch pe bai'r llawr wedi ei lyncu. Dechreuodd Pogo biffian chwerthin, ac yn waeth na hynny, pwy oedd yn digwydd mynd heibio ond Celfyn Parry 8S, yr un uchaf ei gloch yn yr ysgol i gyd.

'Cuth*bŷt*!' dynwaredodd dros y coridor, wedi i Her Fflic gau drws ei ystafell.

Clywodd un neu ddau o ffrindiau Celfyn Parry yn chwerthin yn wawdlyd. Trodd Cuthbert Caradog i fynd yn ôl am stafell yr athrawon, wedi gwylltio'n gacwn. Roedd Her Fflic wedi ei gwneud hi y tro hwn!

Aeth i nôl y llyfrau, ac ar ei ffordd yn ôl roedd ei feddwl yn gwibio. Roedd o'n mynd i dalu'n ôl i Her Fflic. Ond sut? Digon hawdd oedd meddwl am bob math o gynlluniau gwallgo. Gwyddai na fyddai'n meiddio eu gwireddu. Yna, pan oedd bron â chyrraedd yr Ystafell Gerdd, oedodd. Gwelodd rywbeth a wnaeth iddo ddechrau gwenu'n llydan fel giât. Pwysodd ei ên ar y pentwr llyfrau yn ei hafflau, ei aeliau'n codi a disgyn yn gyflym. Gwefreiddiol! Ar y wal yn y coridor roedd poster o luniau offerynnau cerdd wedi ei styffylu mewn tair cornel i'r hysbysfwrdd. Yn y gornel arall, lle'r oedd y papur wedi dod yn rhydd oddi wrth y stwffwl, roedd pin bawd melyn, disglair yn wincio arno.

Gosododd Cuthbert Caradog y llyfrau ar lawr, ac estynnodd ddarn dwy geiniog o'i boced. Edrychodd o'i gwmpas. Roedd y coridor yn wag ar wahân i ddwy eneth oedd wedi ymgolli yn eu sgwrs wrth iddynt frysio yn eu blaenau oddi wrtho, eu lleisiau'n atseinio yn y pellter. Deuai sŵn mwmian siarad isel o ystafell gyfagos, ac ambell floedd athro bob hyn a hyn i dorri ar y distawrwydd. Teimlodd Cuthbert Caradog ias yn ei gerdded. Safodd ar flaenau'i draed, a chyda'r darn dwy geiniog rhoddodd blwc sydyn i'r pìn bawd nes iddo neidio o'i le gan dincial chwerthin ar lawr y coridor. Cyrliodd cornel y poster llipa, gan wneud sŵn clecian ysgafn.

'Tyd yma, was,' sibrydodd, a phocedu'r pìn bawd.

Cododd y llyfrau, a churodd ar y drws. Heb ddisgwyl am ateb, aeth i mewn. Roedd Her Fflic wrth y bwrdd du yn egluro rhywbeth ynglŷn ag arwydd amser.

'A! Cuthbŷt!' meddai. 'Diolch yn fawr.'

Ceisiodd Cuthbert Caradog guddio'i ysgyrnygu dannedd â gwên ffug, a brysiodd at gornel bellaf y bwrdd gan ollwng y llyfrau'n glewt arno. Cymerodd arno fachu ei droed yn y gadair wrth fynd yn ôl heibio iddi, a phlygodd i'w gwthio'n ôl i'w lle o dan y bwrdd. Sleifiodd ei law i'w boced, a gosododd y pìn bawd ar ganol y sedd, ei lygaid wedi'u hoelio ar Her Fflic. Roedd hwnnw'n rhy brysur wrthi'n dechrau dosbarthu'r llyfrau i gymryd sylw ohono. Cerddodd yn hamddenol allan o'r ystafell, gan wenu wrth ddychmygu Her Fflic yn eistedd ar y pìn ac yn rhoi bloedd annaearol wrth neidio i fyny mor uchel nes taro'i ben yn y nenfwd a gwneud tolc mawr ynddo. Gwelai ef yn cael ei rolio allan o'r Ystafell Gerdd ar stretsier, a lwmp anferth ar ei gorun. Uwch ei ben roedd dyn mewn cot wen yn dweud y dylai gymryd tri mis o wyliau ar Ynys Enlli mewn tawelwch i ddod ato'i hun.

Fel roedd Cuthbert Caradog yn mynd i agor drws yr ystafell i fynd allan, trodd yn sydyn a chipedrych i gyfeiriad y dosbarth a Her Fflic. Roedd y plant i gyd a'u pennau i lawr yn edrych ar eu llyfrau gwaith cartref, a Her Fflic yn plygu uwchben gwaith rhyw blentyn neu'i gilydd. Daeth syniad gwyllt i'w ben fel corwynt sydyn. Roedd drws y cwpwrdd offerynnau yn gilagored. Mewn fflach, roedd wedi agor y drws a mynd i guddio yn y lle gwag yn y gwaelod lle'r arferid cadw'r drymiau cyn iddynt gael eu rhoi yn yr ystafell ymarfer. Tynnodd y drws ar ei ôl nes ei fod yn gilagored fel cynt. Lledorweddodd wysg ei ochr yn ei gwman, gan syllu ar yr hic o olau a ddeuai i mewn i'r cwpwrdd. Hyd yn oed os na fedrai weld dim ond y wal gyferbyn, gallai glywed pob smicyn oedd yn digwydd yn yr ystafell. Wrth i lais Her Fflic ddynesu a phellhau bob yn ail, gallai weld yn ei ddychymyg ymhle yn yr ystafell yr oedd. Meddyliodd unwaith ei fod yn clywed sŵn y gadair yn cael ei rhugno, a dechreuodd ei galon lamu. Roedd y gadair wrth y bwrdd yn fwy ac yn drymach na chadeiriau'r disgyblion, a gwnâi sŵn gwahanol. Ond ni ddigwyddodd dim i wneud iddo feddwl bod Her Fflic wedi gweld y pin bawd, hyd yn oed, heb sôn am ei deimlo.

Fel yr âi'r wers yn ei blaen, dechreuodd Cuthbert Caradog fynd yn anystwyth ac yn anghysurus. Roedd arno angen ymestyn ei goesau, ac roedd ei fraich chwith yn brifo wrth bwyso arni o hyd. Doedd dim digon o le yn y cwpwrdd iddo droi ar ei ochr arall heb wneud sŵn. Dechreuodd gynllunio sut yr âi allan o'r cwpwrdd heb gael ei weld. Fedrai o gymryd arno ei fod newydd ddod i mewn i ofyn pryd oedd yr ymarfer corau at yr eisteddfod, tybed? Y drwg oedd nad oedd Her Fflic wedi siarad ers meitin, ac ni wyddai'n iawn ble'n union yn yr ystafell yr oedd o. Os oedd o'n eistedd ar stôl y piano, roedd yn ddiogel, ond os oedd o'n eistedd ar gornel y bwrdd roedd hi wedi canu arno. Roedd ugain munud arall ar ôl o'r wers, ac yntau'n mynd yn fwy anniddig wrth y funud. Erbyn hyn roedd ei wegil yn brifo hefyd, ac roedd o bron â chael cwlwm chwithig yn ei droed dde. Agorodd ychydig rhagor ar y drws. Yna, fferodd . . .

Gwelodd bry copyn du, anferth yn carlamu i gyfeiriad ei law chwith. Symudodd yn reddfol, ac wrth iddo symud cododd ei ben a'i daro yn y silff uwchben. Wrth godi'i law i fwytho'i ben, bachodd ei fysedd mewn tambwrîn a adawyd yn flêr ar ymyl y silff, a disgynnodd hwnnw gan brepian a chlepian dros bob man, a pheri i bentwr ohonynt symud fel tirlithriad oddi ar y silff a phowlio'n swnllyd allan o'r cwpwrdd. Daliodd Cuthbert Caradog ei wynt.

'Syr! Syr! Mae rhywbeth wedi disgyn o'r cwpwrdd offerynnau,' meddai llais main merch o rywle yng nghefn y dosbarth.

O, na, meddyliodd Cuthbert Caradog. Am foment wyllt ystyriodd wibio allan fel y gwynt a'i siwmper dros ei ben, a rhedeg fel fflamiau o'r golwg i ben draw'r coridor. Ond roedd hi'n rhy hwyr. Roedd sŵn sodlau Her Fflic i'w glywed yn taro'r llawr yn galed wrth iddo brysuro i gyfeiriad y cwpwrdd offerynnau. Gwnaeth Cuthbert Caradog ei hun cyn lleied ag y

medrai ac, am foment, caeodd ei lygaid yn dynn.
Clywodd sŵn tuchan wrth i Her Fflic godi'r
tambwrîns. Yna'n sydyn, roedd y drysau'n llydan
agored. Gwelodd Her Fflic yn plygu fel pe bai wedi
ei drywanu yn ei stumog, ac yn rhythu arno a'i lygaid
fel soseri. Am rai eiliadau, syllodd y ddau i fyw
llygaid ei gilydd. Edrychai Her Fflic fel pe bai wedi
gweld drychiolaeth.

'H . . . helô, syr,' meddai Cuthbert Caradog yn llipa.

'By — be ar wyneb . . .? Allan â thi, ar unwaith!' gwaeddodd Her Fflic, ei wyneb yn newid lliw wrth yr eiliad.

Cropiodd Cuthbert Caradog yn araf a phoenus o'r cwpwrdd. Roedd yn falch o gael symud. Erbyn hyn, roedd y dosbarth i gyd ar eu traed a llawer wedi casglu at ei gilydd yn y cefn gan sibrwd a chwerthin.

'Rydw i'n disgwyl am eglurhad!' cyfarthodd Her Fflic uwchben y dwndwr.

Daeth ysbrydoliaeth am ateb fel fflach i Cuthbert Caradog pan benderfynodd y pry copyn anferth ddod allan o'r cwpwrdd hefyd a saethu heibio'i benliniau i gyfeiriad y byrddau. Ond cyn iddo gael dweud ei esgus, daeth sgrech annaearol o geg un o'r genethod.

'Wa! O! Syr! Pry copyn!'

'Ble? Ble?' meddai un arall.

'Dacw fo!' meddai un o'r bechgyn. Dechreuodd y plant sgrialu o gwmpas y dosbarth fel pethau gwyllt, a neidiodd dwy neu dair o'r genethod i ben y byrddau. Cipiodd un o'r bechgyn lyfr emynau oddi ar fwrdd Her Fflic a chythru ar ei bedwar o dan y byrddau ar ôl y pry copyn, ac ymunodd hanner dwsin arall gydag o yn y sbri.

'Na! Na! Na!' gwaeddodd geneth dal gyda mop o wallt cyrliog du, gan ysgwyd ei phen yn ffyrnig a chau ei dyrnau. 'Peidiwch â'i ladd o! Mae Mr Jones,

Bywydeg, yn casglu pryfed cop. Peidiwch â'i ladd o!'
  Ychwanegwyd at y cynnwrf wrth i fachgen a glywsai gri daer yr eneth gymryd yn ei ben i agor cas pensiliau siâp silindr a welsai ar fwrdd cyfagos a gwagio'i gynnwys rhywsut-rywsut hyd un o'r

byrddau, a'i daflu at y bechgyn a oedd o dan y bwrdd yn ymlid y pry copyn.

Collodd pawb ddiddordeb yn Cuthbert Caradog, ac roedd y dosbarth wedi'i rannu yn ei hanner fel cefnogwyr mewn gêm bêl-droed, rhai am ddal y pry copyn yn y cas pensiliau, a'r lleill am ei ladd, a phawb yn gweiddi gorchmynion ar draws ei gilydd. Dawnsiai Her Fflic yn y cefn gan chwifio'i freichiau a chlapio'i ddwylo a gweiddi bob yn ail, mewn ymgais i gael y dosbarth i drefn. Safai Cuthbert Caradog a'i ddwylo y tu ôl i'w gefn, yn edrych ar y cyfan. Teimlai fel pe bai'n gwylio ffilm.

O'r diwedd, ar ôl un bloedd aflafar a drodd wyneb Her Fflic yn fflamgoch, distawodd y dosbarth ac aeth pawb i'w le. Doedd dim golwg o'r pry copyn yn unman. Roedd fel pe bai wedi diflannu oddi ar wyneb y ddaear. Ceisiodd Her Fflic argyhoeddi'r genethod ei fod wedi mynd drwy grac ym mhren y llawr, ond dalient i edrych o'u cwmpas yn ofnus, gan eistedd ar eu coesau a chodi eu bagiau ar y byrddau o gyrraedd yr anghenfil.

Nid oedd ond pum munud o'r wers ar ôl erbyn hyn, a gofynnodd Her Fflic i'r plant gadw eu llyfrau ac eistedd yn dawel nes y byddai'r gloch yn canu. Yn raddol syrthiodd tawelwch llethol dros y dosbarth.

Buasai wedi aros felly oni bai i un o'r bechgyn roi plwc sydyn, slei i ddarn o edafedd du a hongiai o lawes ei siwmper, ei rolio'n lwmpyn, ac yna defnyddio'i fawd i'w saethu ar wib dros ei ysgwydd. Glaniodd yng ngwallt merch a eisteddai wrth y bwrdd y tu ôl iddo. Rhoddodd honno sgrech, ac ysgwyd ei phen yn wyllt a neidio o'i chadair gan ddechrau crio. Aeth Her Fflic ati i'w thawelu, ond aeth pobman yn hwrlibwrli eto, a phawb yn ceisio darganfod beth oedd wedi digwydd.

Wedi i'r gloch ganu, ac i'r dosbarth fynd o'r ystafell, safodd Her Fflic wrth ei ddesg, yn edrych fel darn o'r diafol. Galwodd Cuthbert Caradog ato. Gofynnodd am ei esboniad. Dechreuodd yntau faglu dweud yr hyn yr oedd wedi ymarfer ei ddweud yn ei feddwl ers meitin.

'. . . a phan oeddwn i'n mynd am y drws, syr, dyma fi'n gweld y pry copyn anferthol yma'n mynd i mewn i'r cwpwrdd offerynnau. Doeddwn i ddim isio dweud wrthach chi, syr, rhag i 7E ddychryn, a dyma fi'n penderfynu mynd i'r cwpwrdd yn ddistaw bach i drio'i ladd o, ond mae'n rhaid na wnes i ddim. Doeddwn i ddim isio dod allan rhag ofn imi amharu ar eich gwers chi, syr.'

'Felly'n wir,' meddai Her Fflic yn oeraidd a distaw. Yna, gafaelodd yng nghefn y gadair a oedd dan ei fwrdd a'i thynnu'n araf i ganol y llawr. Rhoddodd calon Cuthbert Caradog dro.

'A beth, tybed, oedd rhan y pin bawd yma yn yr holl gynllun?' gofynnodd, gan bwyntio bys hir, esgyrnog at y pin bawd. 'Trap i ddal y pry copyn, siŵr o fod?'

Edrychai Cuthbert Caradog fel pe na bai erioed yn ei fywyd wedi gweld pin bawd o'r blaen.

'Y . . . y . . . y,' meddai.

'Paid â meddwl ceisio gwadu,' meddai Her Fflic. 'Fe welodd un o'r merched ti. Roeddwn i'n mynd i anfon amdanat ti, 'ta beth.'

Cododd Her Fflic y pin bawd yn ofalus.

'Rwyt ti wedi mynd yn un da iawn am adrodd storïe,' meddai. 'Roedd stori'r pryfed pren yn un dda, ond mae stori'r pry copyn yn rhagori arni. Mi wn i am rywun fyddai'n hoffi clywed dy storïe di.'

'O?' meddai Cuthbert Caradog, gan godi'i aeliau mewn ffug-ddiniweidrwydd.

'Gwn. Y prifathro. Tyrd.'

Pennod 7

Y dydd Iau cyn i'r ysgol gau am yr hanner tymor oedd hi. Cerddai Cuthbert Caradog yn llafurus i fyny'r grisiau i Ystafell Deuddeg, yr ystafell aros-i-mewn. Tynnai ar y canllaw fel hen ddyn, gan bwyso ymlaen yn fwriadol o araf a herciog, ei draed yn taro'n galed ar bob gris nes bod ei glepian yn atseinio'n uchel. Roedd wedi gwneud hyn bob diwrnod ers wythnos gyfan ond, diolch byth, heddiw oedd y diwrnod olaf.

Cyn cyrraedd pen y grisiau arhosodd am eiliad i wrando. Doedd neb yno. Ni ddeuai smicyn o sŵn drwy'r drws agored. Roedd yntau wedi cyrraedd yn gynt nag arfer heddiw, er mwyn cael y cyfan drosodd, ac roedd yno o flaen yr athro arolygu. Dim ond y fo fyddai'n aros i mewn eto heddiw, debyg. Hyd ddoe, cawsai gwmni un neu ddau arall bob dydd. Ond ddoe, roedd o ar ei ben ei hun. Neb ond y fo a'r athro. Neb i wneud stumiau slei arno pan nad oedd yr athro'n edrych. Neb i gyfnewid edrychiad o syrffed ag o hanner ffordd drwy wneud y gwaith. Ddoe, teimlai'n ddiflas ac unig, ac yn llawn hunan-dosturi. Teimlai'n well heddiw, er na fyddai neb arall yno, am ei fod yn gwybod mai heddiw oedd y diwrnod olaf. Aeth i mewn i ddistawrwydd digroeso'r ystafell, ac eisteddodd yn yr un lle ag arfer, wrth y ffenestr.

Ni wyddai'n iawn p'run ai arwr ynteu archddihiryn yr ysgol oedd o. Roedd stori'r cwpwrdd offerynnau wedi rhedeg fel tân gwyllt drwy'r ysgol, a sawl amrywiad lliwgar ohoni wedi lledaenu yma ac acw. Ni wyddai pwy gychwynnodd y stori ei fod wedi torri i mewn i un o'r cypyrddau yn y labordy a dwyn un o bryfed cop Mr Jones, Bywydeg, a'i ollwng yn rhydd yn yr Ystafell Gerdd. Erbyn y dydd Gwener ar ôl y digwyddiad roedd y pry copyn wedi troi'n darantiwla. Erbyn y dydd Llun roedd y tarantiwla wedi pigo Llinos Wyn, y ferch a gafodd ei dychryn gan y belen edafedd. Roedd rhai o'r plant ag ofn mynd i mewn i'r Ystafell Gerdd, ac roedd si ar led fod un fam wedi ffonio'r prifathro am fod ar ei merch gymaint o ofn mynd i'r gwersi Cerdd.

Ochneidiodd Cuthbert Caradog. Dylai fod wrth ei fodd. Roedd wedi llwyddo i dalu'n ôl i Her Fflic, achos doedd ond rhaid i rywun sibrwd y geiriau 'pry copyn' yn yr Ystafell Gerdd ac roedd anhrefn yn torri allan. Ond bu'n rhaid iddo dalu'n hallt am y pleser hwn — colli ei amser egwyl a chinio bob dydd am wythnos gyfan. Roedd wedi dechrau colli adnabod ar yr hogiau, bron. Y peth mwyaf annioddefol oedd fod Sam Sbam Jones yn sâl ddydd Llun a dydd Mawrth, ac roedd Gerwyn wedi dweud wrtho nos

Lun fod Emyr Gwyn wedi bod yn chwilio amdano i gymryd ei le yn yr ymarferion. Doedd bywyd ddim yn deg! Yr unig lygedyn o oleuni oedd ei fod wedi llwyddo i gadw'r stori o glyw ei fam a'i dad, a diolch i benwythnos oer a glawog doedd ei fam ddim wedi digwydd gweld Mr Watcyn o gwbwl.

Un cysur arall oedd na chawsai Celfyn Parry gyfle i'w bryfocio, gan na fu allan o gwbl, ac os bu'n gwneud sbort yn ei gefn roedd stori'r cwpwrdd offerynnau yn siŵr o fod wedi claddu hynny erbyn hyn.

Torrwyd ar ei feddyliau gan sŵn traed ysgafn yn dynesu'n gyflym. Cerddodd Miss Humphreys i mewn i'r ystafell, a phapurau'n fflapio yn ei llaw.

'Mae gen i waith i ti, Cyth,' meddai. 'Ond hwyrach y buasai'n syniad da i ni gael sgwrs gyntaf, gan mai fi ydy d'athrawes ddosbarth di. Cha i fawr o gyfle eto — wel, ddim yn yr ysgol yma beth bynnag. Mi fydd Mr James yn ei ôl ar ôl hanner tymor.'

'O.' Ni fedrai Cuthbert Caradog guddio'r siom yn ei lais.

Eisteddodd Miss Humphreys wrth fwrdd yr athro, a phlethu'i breichiau.

'Rydw i'n mynd i Ysgol Llanelwen,' meddai.

'O,' meddai Cuthbert Caradog, ychydig yn is eto. Roedd o wedi mwynhau ei wersi Hanes efo Miss Humphreys. Roedd o hyd yn oed wedi dechrau hoffi Hanes.

'Dwyt ti ddim ar delerau da iawn hefo Mr Watcyn,

nac wyt?' meddai Miss Humphreys toc. 'Pam, tybed?'

Yn raddol, wrth i Miss Humphreys holi a stilio, dechreuodd Cuthbert Caradog fwrw'i fol. Dywedodd pa mor gas oedd ganddo fod Mr Watcyn yn byw yn ei ymyl, ac fel roedd yn gasach ganddo'r ffordd neis-neis roedd o'n ynganu'i enw.

'Mae o'n dweud "Cuthbŷt", mus. Ond "Cuthbert" neu "Cyth" fydda i'n hoffi cael fy ngalw.'

Edrychodd Cuthbert Caradog arni yn sydyn, rhag ofn ei bod hi'n chwerthin am ei ben. Ond doedd hi ddim. Roedd hi'n syllu'n syth arno gan gnoi ei gwefus isa.

'A dyna'r cwbwl?' gofynnodd iddo toc.

Cyfaddefodd Cuthbert Caradog fod y ffaith ei fod wedi colli'r cyfle i fod yn y grŵp pop oherwydd Mr Watcyn wedi gwneud y sefyllfa'n waeth.

'Rwyt ti'n hoffi chwarae'r gitâr, on'd wyt ti?'

'Ydw, mus.'

'Ac mi fasat yn hoffi cael chwarae efo grŵp pop.'

'Mi faswn i'n rhoi'r byd am gael gwneud, mus.'

Meddyliodd ei fod yn gweld corneli gwefusau Miss Humphreys yn camu'n rhyfedd, fel pe bai'n ceisio rhwystro'i hun rhag gwenu, ond nid oedd yn siŵr. Ond roedd rhyw ddireidi yn byrlymu o'i llygaid. Yna cododd, a dechrau cerdded yn ôl a blaen yn araf, gan droi ei chefn ato bob hyn a hyn wrth siarad.

'Taswn i yn dy le di,' meddai'n syml, 'mi fuaswn

wedi gofyn i Mr Watcyn yn gwrtais i ddweud f'enw i'n iawn. Wnest ti feddwl am hynny o gwbl?'

'Do, mus,' atebodd Cuthbert Caradog. 'Ond wnes i ddim.'

'Fuaset ti'n hoffi i mi gael gair efo fo?'

'Wnewch chi?'

'Gwnaf. Tyrd iti gael gorffen y gwaith yma.'

Wrth ddod i lawr y grisiau o Ystafell Deuddeg, teimlai Cuthbert Caradog yn gymysglyd. Teimlai'n ysgafn braf am ei fod wedi gorffen ei gyfnod aros-i-mewn, ac am fod Miss Humphreys am siarad efo Her Fflic, ond roedd rhywbeth trwm yn tynnu ar gornel fach o'i galon am na fyddai Miss Humphreys yn yr ysgol ar ôl hanner tymor. Roedd hi'n glên, ac yn gwneud pwnc diflas fel Hanes yn ddiddorol. Byddai'n ei cholli.

Gyda'r nos, tua chwech o'r gloch, galwodd Gerwyn a Pogo i'w nôl. Roedden nhw'n llawn o'r stori eu bod newydd weld car Miss Humphreys yn cychwyn i ffwrdd oddi wrth dŷ Her Fflic.

'O, mi wn i pam oedd hi'n mynd i'w weld o heno,' meddai Cuthbert Caradog yn bwysig. 'Mynd i roi'r ddeddf i lawr i Her Fflic oedd hi.' Eglurodd wrth yr hogiau sut y bu'r sgwrs rhyngddynt yn yr ystafell-aros-i-mewn.

'Ella,' meddai Pogo'n araf, gan dynnu ar ddarn o gwm cnoi o'i geg nes ei fod yn llinyn hir, 'mai dêt efo Her Fflic oedd ganddi hi.'

'Dim peryg,' meddai yntau'n bendant. 'Mae hi wedi dyweddïo efo rhywun o'r enw Steffan, ac mae'n mynd i'w briodi fo. Mae Martin ni yn nabod y ddau.'

'Druan o Steffan 'ta, ddeuda i,' meddai Pogo, gan godi'i ben a gollwng y llinyn gwm cnoi yn ôl i'w geg yn flêr. Llyfodd y darnau a oedd wedi glynu i'w wefus uchaf ac o dan ei drwyn, gan wneud yr ystumiau rhyfeddaf.

'Mochyn,' meddai Cuthbert Caradog, gan deimlo braidd yn bigog efo Pogo am ei fod yn dal i rygnu ar yr un hen gân.

Am fod ganddo stori i'w hysgrifennu i Gwilym Cymraeg, ac roedd yn hanfodol bwysig ei fod o'n ei chael cyn yr hanner tymor, aeth Cuthbert Caradog adref yn fuan, gan adael Gerwyn a Pogo yn sglaffian hanner pysgodyn bob un y tu allan i'r Badell Ffrio. Synnodd, wrth fynd heibio i dŷ Her Fflic, fod car Miss Humphreys yno eto. Meddyliodd am yr hyn ddywedodd Pogo, ac ni fedrai atal ei hun rhag teimlo'n flin wrth feddwl efallai ei fod o'n iawn wedi'r cyfan. Dyma'r trydydd tro iddi fod yn gweld Her Fflic, a phwy a wyddai faint o droeon eraill y bu hi yn ei dŷ heb iddyn nhw ei gweld? Dechreuodd ddifaru ei fod wedi rhoi hanner can ceiniog o'i bres poced i Mererid Gwenllian tuag at anrheg iddi. Buasai'n well pe bai wedi ei wario ar dda-da. Teimlai ryw drueni rhyfedd dros Steffan, pwy bynnag oedd o, a throsto ef ei hun. Efallai nad oedd y Miss Humphreys go iawn yn ddim byd tebyg i'r hyn oedd o'n feddwl oedd hi. Teimlai, rywsut, ei fod wedi cael ei dwyllo.

Cafodd ffrae gan ei fam y noson honno hefyd. Roedd o wedi mynd i'r ystafell ffrynt i wneud ei waith cartref. Bob hyn a hyn, diffoddai'r golau a mynd i sbecian heibio'r llenni i weld a oedd car Miss Humphreys yn dal yno. Bu'r car yno am sbel ond, er mawr ryddhad iddo, clywodd ei sŵn yn mynd oddi yno tua naw o'r gloch. Er mwyn iddo gael gweld yn iawn, aethai i sefyll yn y tywyllwch y tu ôl i'r llenni, ac yno roedd o pan ddaeth ei fam i mewn efo'i swper. Pan roddodd ei fam y golau ymlaen camodd yntau o'r tu ôl i'r llenni a dychrynodd hithau gan ollwng yr hambwrdd. Bu'n rhaid iddo godi darnau bach o omlet madarch oddi ar y carped a rhwbio staen te i sŵn grwgnach ei fam ei fod yn rhy fusneslyd ac nad oedd ryfedd wir ei fod o'n cymryd cymaint o amser i wneud ei waith cartref. Brechdan jam gafodd o i swper y noson honno.

Roedd mamau'n gallu bod yn bethau rhyfedd, hefyd, meddyliodd Cuthbert Caradog, wrth ymestyn yn braf yn ei wely a syllu'n ddiog ar y nenfwd. Bore dydd Sadwrn oedd hi. Roedd ganddo wythnos gyfan o wyliau o'i flaen. Doedd hi'n ddim ond hanner awr wedi deg, ac roedd ei fam eisoes wedi bod yn ei lofft yn agor ei lenni. Roedd o hefyd, rhwng cwsg ac effro, wedi sylwi ei bod wedi oedi'n hir yn y ffenestr i syllu allan. Pe bai *o*'n gwneud hynny, byddai'n dweud ei fod yn busnesa. Doedd dim modd ennill efo rhieni. Roedd hi wedi mwmian rhywbeth am 'hen joban annifyr' ac 'ella basat ti'n medru helpu' mewn llais rhyfedd, fel pe bai ei meddwl hi'n bell. Gwyddai nad oedd ei dad yn gweithio y dydd Sadwrn hwn. Dyfalai ei feddwl cysglyd fod angen ei help arno naill ai i dacluso'r ardd ffrynt neu i beintio'r giât. Cymerodd arno ei fod wedi mynd yn ôl i gysgu, a thynnodd y dillad dros ei ben.

Arhosodd Cuthbert Caradog yn ei wely am hanner awr arall, ond yna dechreuodd ei stumog rwgnach a phenderfynodd godi i gael bwyd. Gwisgodd hen jîns a siwmper gynnes, gan gymryd ei amser yn braf.

Pan aeth i lawr i'r gegin roedd ei fam wrthi'n tacluso'i gwallt yn y drych bach wrth ochr y sinc. Roedd pecyn wedi'i lapio mewn papur lliwgar ar gornel y bwrdd.

'Pwy sy'n cael ei ben blwydd?' gofynnodd iddi, gan estyn powlen o'r cwpwrdd llestri, a'r bocs creision ŷd o'r cwpwrdd bwyd.

'Neb,' meddai ei fam, a rhyw dinc yn ei llais fel pe bai wedi gofyn rhywbeth hurt. 'Meddwl y basa fo'n beth neis rhoi rwbath bach iddo fo.'

Dechreuodd Cuthbert Caradog dywallt y creision yn araf i'w bowlen, gan grychu'i dalcen.

'I bwy?' gofynnodd. Roedd gan ei fam hen gást weithiau o siarad am bethau fel pe bai pawb i fod i wybod am beth oedd hi'n sôn.

'Wel, i Mr Watcyn, 'te,' meddai. 'Mae o'n symud

heddiw, tydy. Chwith i'r stad 'ma ar ei ôl o. Chwith i chdi efo lifft i'r ysgol hefyd.'

Aeth rhywbeth fel sioc drydanol drwy gorff Cuthbert Caradog, nes peri i'w fraich roi hergwd sydyn. Llifodd hanner cynnwys y bocs creision ŷd dros ei bowlen, ar hyd y bwrdd ac i bobman ar lawr.

'Symud?' meddai, gan sodro'r bocs creision ŷd ar y bwrdd a neidio ar ei draed. 'Heddiw?' Fedrai o ddim coelio'i glustiau.

Edrychodd ei fam yn syn arno, fel pe bai'n dechrau drysu. 'Rydw i wedi dweud wrthat ti o'r blaen. Yli llanast wyt ti wedi'i wneud! Cliria fo'r munud 'ma.'

'Ddeudsoch chi erioed y fath beth,' meddai Cuthbert Caradog ar un gwynt. 'Faswn i *byth* yn anghofio peth fel'na. Hwrê!' Dechreuodd ddawnsio rownd y gegin fel Indiad Coch, gan ysgwyd llwy uwch ei ben yn fuddugoliaethus, a sathru'r creision ŷd oedd ar lawr nes eu bod yn crensian ac yn tasgu i bobman.

'Rhag dy gywilydd di!' meddai ei fam, gan rythu arno'n gas. 'Mae Mr Watcyn yn ddyn dymunol iawn.'

Sobrodd Cuthbert Caradog, a dechreuodd glirio'r creision ŷd. Doedd arno ddim eisiau difetha'r diwrnod bendigedig hwn wrth wneud ei fam yn flin.

'Mae'n ddrwg gen i,' meddai'n barchus. 'Ydy o'n mynd o ddifri?'

'Wrth gwrs. Mae'r fan ddodrefn yno ers wyth o'r gloch. Mae o'n symud i'w dŷ newydd sbon mewn rhan hyfryd o Lanelwen.' Roedd rhywbeth yn y ffordd y dywedodd ei fam y gair 'hyfryd' yn gyrru ias drwyddo. Roedd yn adleisio ffordd Her Fflic o siarad.

Ar ôl clirio'r llanast, ac ail-lenwi ei bowlen, dechreuodd Cuthbert Caradog gnoi'n ffyrnig. Roedd yn rhaid iddo frysio. Roedd yn rhaid iddo nôl yr hogiau. Roedd yn rhaid iddyn nhw gael ei weld o'n mynd. Roedd yn rhaid . . .

'Mi gei di ddod hefo fi i roi'r anrheg iddo fo,' meddai ei fam.

Bu bron iddo â thagu. Pesychodd yn wyllt.

'Ond . . . dwi wedi addo cyfarfod . . .' dechreuodd.

'Fyddwn ni ddim dau funud,' mynnodd ei fam. 'Mi fasa'n beth neis iti ddiolch iddo fo am y liffts gest ti i'r ysgol yn ystod y chwe mis dwetha 'ma. Tyrd.'

Gwyddai nad oedd diben dadlau. Teimlai fel pe bai rhywun newydd luchio bwcedaid o ddŵr oer drosto. Y peth diwethaf roedd arno ei eisiau oedd ei fam yn cael cyfle i siarad efo Her Fflic. Beth pe bai'n dweud ei hanes yn yr ysgol? Byddai hynny'n ddigon i ddifetha'r hanner tymor.

Wrth lusgo allan y tu ôl i'w fam, gallai Cuthbert Caradog weld dau ddyn yn cario cadair freichiau i mewn i fan ddodrefn wen oedd wedi'i pharcio y tu allan i dŷ Her Fflic. Roedd o'n wir, felly. Roedd Her Fflic *yn* mynd. Sylwodd fod fan fach goch wedi'i pharcio o flaen y fan ddodrefn, a'i drysau wedi cau.

Rhaid bod gan Her Fflic lond gwlad o 'nialwch, meddyliodd.

Yna, pwy welodd yn dod allan o'r tŷ, yn cario bocs mawr, ond ei dad. Teimlodd wendid yn mynd dros ei galon. O, na! Roedd ei dad wedi bod yn helpu Her Fflic drwy'r bore, ac roedd hwnnw wedi cael hen ddigon o gyfle i achwyn arno. Byddai hynny'n siŵr o ddifetha pethau rhyngddo ef a'i dad, a hwythau ar delerau cystal ers i'w dad ddechrau gweithio yn y garej.

Dechreuodd gnoi ei ewinedd, a meddwl yn wyllt beth oedd o'n mynd i'w ddweud.

Wrth fynd heibio'r fan goch ceisiodd feddwl ymhle roedd o wedi'i gweld o'r blaen. Roedd rhywbeth yn gyfarwydd ynddi. Yna anghofiodd amdani wrth weld ei dad yn dod allan o'r fan ddodrefn yn gwenu'n braf arnynt. Oedd hi'n bosibl nad oedd Her Fflic wedi dweud dim wedi'r cyfan? Ar ôl dau air â hwy, diflannodd ei dad efo'r ddau ddyn drwy ddrws ochr y tŷ i'r gegin.

Curodd ei fam ar ddrws ffrynt agored Her Fflic a gweiddi, 'Iw hŵ! Mr Watcyn!' Cerddodd i mewn, a dilynodd yntau hi o hirbell.

'Hwda,' sibrydodd ei fam, 'mi gei di roi'r anrheg iddo.' Gwthiodd y pecyn i'w law.

'N . . . ng.' Diflannodd ei brotest wrth i Her Fflic ymddangos yn nrws y gegin, ei wyneb yn binc a'i wallt yn wylltach nag arfer.

'A! Mrs Jones!' meddai'n groesawgar. 'A . . . o . . . Cuthb . . . Cuthbrt. Dowch i mewn.'

Cuthbrt wir! Ni wyddai beth i'w wneud p'run ai chwerthin ynteu crio. Roedd hi'n amlwg fod Miss Humphreys wedi siarad ag o, ond daliai i fethu dweud ei enw'n iawn. Teimlodd bwniad yn ei fraich.

'Y . . . y . . . gobeithio-y-byddwch-chi'n-hapus-yn-y-tŷ-newydd-a-diolch-yn-fawr-am-y-liffts,' meddai ar un gwib.

Gwelodd res o ddannedd sgwâr a cheg Her Fflic yn symud wrth iddo siarad, ond nid oedd dim o'r hyn a ddywedai yn cyrraedd ei ymennydd. Roedd newydd gael cip ar Miss Humphreys yn mynd heibio i ddrws agored yr ystafell fyw. Cerddodd, fel pe yn ei gwsg, ar ôl ei fam a Her Fflic i mewn i'r ystafell.

'Miss . . . Humphreys,' meddai, ei lais yn dod allan fel gwich wirion. Roedd Her Fflic wrthi'n gwneud ffws fawr o'i fam, yn cyflwyno Miss Humphreys iddi fel ei chymydog newydd.

'Mae Mrs Jones yn gymdoges gwerth ei chael,' meddai Her Fflic dan chwerthin. 'Ac mae hi'n gwneud bara brith bendigedig.'

Safodd Cuthbert Caradog yn stond. Edrychodd ar Her Fflic a'i fam a Miss Humphreys bob yn ail. Roedd y tri wrthi'n siarad ar draws ei gilydd yn llawn stŵr. Ond roedd o wedi clywed. 'Cymdoges' ddywedodd Her Fflic. Roedd ei ymennydd yn gwibio am ennyd, ac yna syrthiodd popeth i'w le mewn fflach o oleuni. Dyna esbonio ymweliadau Miss

Humphreys â Her Fflic. Trefnu pethau ynglŷn â symud i'r tŷ oedd hi! Gwenodd led y pen wrtho'i hun, ac yna dechreuodd chwerthin wrth feddwl pa mor wirion y bu o a'r hogiau, yn meddwl fod Miss Humphreys yn ffansïo Her Fflic. Chwarddodd dros bob man. Tawodd yn sydyn ar ôl sylweddoli fod pawb wedi distewi ac yn edrych yn rhyfedd arno.

'Wel . . . mi awn ni,' meddai ei fam yn anghysurus, 'i chi gael gorffen.'

'A diolch eto am yr anrheg, Cuthb . . . Cuthbrt,' meddai Her Fflic yn sobr.

Edrychodd Cuthbert Caradog ar Miss Humphreys. Roedd chwerthin yn byrlymu o'i llygaid. Yna, fel pe i'w hatal ei hun rhag chwerthin, cododd yn sydyn a gofynnodd iddo, 'Tybed fedri di roi help llaw i mi i gario pethau o'r fan, Cyth? Fydd Steffan ddim yma am ychydig eto. Mae o wedi picio yn fy nghar i i'r dre.'

'Iawn, mus,' meddai. Fe gariai unrhyw beth. Y fan ei hun os oedd raid. Teimlai mor hapus.

Wrth iddynt fynd yn ôl a blaen o'r fan goch eglurodd Miss Humphreys mai hi a Steffan oedd biau'r tŷ, ond fod Mr Watcyn wedi bod yn ei rentu nes y byddai ei dŷ newydd yn barod, gan ei fod wedi gwerthu ei dŷ ym mhentref Parciau Bach ers dechrau'r haf. Roedd pethau wedi gweithio'n dda, a thŷ newydd Mr Watcyn yn barod erbyn yr hanner tymor. Roeddynt hwythau'n priodi y Sadwrn canlynol, ac yn falch o gael y tŷ yn wag er mwyn cael peintio ychydig, a symud popeth i mewn.

Ar ôl gorffen helpu Miss Humphreys i symud y bocsys llawn o'r fan, meddyliodd Cuthbert Caradog y buasai'n well iddo fynd. Oedodd yn nrws yr ystafell fyw.

'Y . . . diolch ichi am ddweud wrth Mr Watcyn . . . ynglŷn â f'enw i,' meddai'n swil.

'Mi ddylai fedru ei ddweud yn iawn ar ôl dipyn o ymarfer,' chwarddodd Miss Humphreys.

Symudodd Cuthbert Caradog o un droed i'r llall. Roedd arno eisiau gofyn iddi ai mesur y ffenestri oedd hi y noson roedd o a'r hogiau'n cuddio y tu ôl i'w char hi. Roedd arno hefyd eisiau gofyn iddi pam na fuasai wedi dweud wrtho ers tro fod Mr Watcyn yn symud i fyw. Ond, rhywsut, pan oedd o ar fin gofyn roedd ei eiriau'n dianc fel llanw yn penderfynu mynd allan yn sydyn. Trodd i fynd am y drws.

'Aros funud,' meddai hi wrtho, gan sbecian drwy'r ffenestr, 'iti gael cyfarfod Steffan. Mae o newydd gyrraedd.'

Clywodd Cuthbert Caradog lais dwfn yn cyfarch ei dad a Her Fflic rywle y tu allan. Yna, clywodd rywun yn rhoi hergwd i'r drws cilagored nes ei fod yn ysgwyd, a brasgamodd dyn ifanc tal i mewn heibio iddo gan gario bocs â thorth hir a photel lefrith yn ymwthio allan ohono o ganol bagiau papur llawn. Roedd ganddo wallt du hir wedi'i dynnu'n ôl a'i

112

glymu â llinyn. Syllodd Cuthbert Caradog arno. Roedd o wedi'i weld o'r blaen yn rhywle. Ble?

'Steff, dyma iti Cuthbert Caradog Jones,' meddai Miss Humphreys, a rhyw dinc yn ei llais a wnâi iddo deimlo fel pe bai hi'n cyflwyno Arlywydd America i'w darpar ŵr.

Gosododd Steff y bocs ar lawr, a throdd yn sydyn ato, gan estyn ei law. Roedd rhywbeth yn gyfarwydd yn y ffordd y troai ei ben ac y chwipiai ei wallt i'r ochr wrth symud. Yna, cofiodd Cuthbert Caradog. Cofiodd ei fod wedi gweld y fan goch y tu allan i'r babell roc yn yr Eisteddfod Genedlaethol, a'i fod wedi gweld Steffan ar y llwyfan gyda'r band gwych hwnnw a wnaeth i'r dorf wirioni.

'S . . . Steff . . . a'r Giaffars?' meddai, ei lais yn graddol godi.

Gwyliodd Steffan yn estyn y botel lefrith a'r dorth o'r bocs. Yn sydyn, trodd y botel yn feicroffôn yn nychymyg Cuthbert Caradog, a throdd y dorth yn gitâr wen, a dechreuodd Steff lamu o gwmpas llwyfan yr ystafell o dan oleuadau lliwgar yn fflachio a wincio i rythm y band. Safodd am eiliadau hir, wedi ymgolli yn ei ddychmygion.

O'r diwedd, blinciodd yn galed, a chanolbwyntio ar yr hyn roedd Steffan yn ei ddweud. Dywedodd fod Eleri wedi sôn wrtho am ei ddiddordeb mewn chwarae'r gitâr, ac y câi o ddod i wrando ar y band yn ymarfer a hwyrach ymuno ychydig yn yr ymarfer os hoffai. Roedd eu hymarfer nesaf nos Lun yn y tŷ, cyn i'r dodrefn gyrraedd. Pwy a wyddai, hwyrach y câi o gyfle i chwarae gyda hwy rywbryd, os siapiai. Buasai'r band yn gallu gwneud y tro efo gitarydd wrth gefn.

Ni allai Cuthbert Caradog goelio'i glustiau. Teimlodd ei hun yn gloywi drwyddo. Cael ymarfer gyda Steff a'r Giaffars? Roedd y cyfan fel breuddwyd!

Torrwyd ar yr hud gan lais ei dad yn galw arno i ddod adref i gael cinio. Roedd y fan yn llawn, a Mr Watcyn yn barod i gychwyn. Aeth Miss Humphreys a Steffan i ffarwelio ag o, a chododd yntau a'i dad eu dwylo arno wrth iddo fynd i mewn i'w gar.

Wrth gerdded ling-di-long wrth ochr ei dad am y tŷ, teimlai Cuthbert Caradog ryw gymysgedd rhyfedd o hapusrwydd a thristwch. Roedd yn falch fod Her Fflic wedi mynd, ond eto teimlai'n ddiolchgar am iddo beidio ag achwyn arno wrth ei fam a'i dad. Rhaid nad oedd o'n ddrwg i gyd, wedi'r cyfan. Gwenodd wrth feddwl amdano'n ymdrechu i ddweud ei enw'n iawn. Cuthbrt. Roedd o dipyn bach gwell na Cuthbŷt, siawns. I Miss Humphreys roedd y diolch, hefyd. Roedd popeth wedi newid ar ôl iddi hi ddod i'r ysgol, fel pe bai tylwyth teg wedi chwifio ffon hud a gwneud i bethau annifyr ddiflannu. Byddai'n haws iddo oddef edrych ar wyneb balch Sam Jones yn eisteddfod yr ysgol rŵan, ac yntau'n medru brolio ei fod yn cael chwarae yn ymarfer Steff a'r Giaffars. Cuthbrt. Na, doedd o ddim yn swnio fawr gwell, erbyn meddwl. Ond dyna fo, doedd dim disgwyl i *bob* dim fod yn iawn, nag oedd?